C.H.BECK WISSEN
in der Beck'schen Reihe

In dieser Einführung findet sich (fast) alles, was man über die Welt der Kelten wissen sollte. Alexander Demandt vermittelt anschaulich und allgemeinverständlich die Grundkenntnisse über Herkunft, Gesellschaft, Staatsform, Kultur, Religion und Mythologie eines der bedeutendsten Völker der europäischen Geschichte. Es ist nicht spurlos verschwunden.

Alexander Demandt ist Professor für Alte Geschichte an der Freien Universität Berlin. Von ihm sind folgende Werke im Verlag C.H. Beck lieferbar: Macht und Recht (1996); Das Privatleben der römischen Kaiser (^{2}1997); Das Ende der Weltreiche (1997); Geschichte der Spätantike (1998, Beck's Historische Bibliothek); Kleine Weltgeschichte (2003); Sternstunden der Geschichte (^{2}2004); Theodor Mommsen, Römische Kaisergeschichte (^{2}2005).

Alexander Demandt

DIE KELTEN

Verlag C.H.Beck

Mit 13 Abbildungen

1. Auflage. 1998
2. Auflage. 1999
3., überarbeitete Auflage. 2001
4. Auflage. 2002

5. Auflage. 2005

Originalausgabe
© Verlag C. H. Beck oHG, München 1998
Gesamtherstellung: Druckerei C. H. Beck, Nördlingen
Umschlagentwurf: Uwe Göbel, München
Printed in Germany
ISBN 3 406 44798 8

www.beck.de

Inhalt

Vorwort 7
1. Name 9
2. Ursprung und Quellen 12
3. Ausbreitung nach Westen 17
4. Züge in den Osten 23
5. Die Wirtschaft 28
6. Die Religion 37
7. Die Gesellschaft 49
8. Das Stammeswesen 64
9. Burgen und Städte 68
10. Könige 73
11. Adelsherrschaft 80
12. Der politische Niedergang 83
13. Caesar in Gallien 86
14. Die Kelten in der Kaiserzeit 90
15. Die iroschottische Mission 98
16. Keltische Mythen 102
17. Kelten im Humanismus 110
18. Keltenromantik 114

Literatur 121
Register 124

Abbildungsverzeichnis

Dänisches Nationalmuseum, Kopenhagen: 43
Musée d'Art et d'Histoire, Saint Brieuc: 57
Museum für Vor- und Frühgeschichte, Saarbrücken: 61
Römisch-Germanische Kommission, Frankfurt: 69
Bartel, Frey u. a., Ein frühkeltischer Fürstengrabhügel am Glauberg im Wetteraukreis, Hessen. Bericht über die Forschungen 1994–1996, 1998, S. 25. Foto: U. Seitz-Gray, Frankfurt: 31
W. Kimmig/H. Hell, Vorzeit an Rhein und Donau, Konstanz 1998, S. 100, Abb. 113
K. Schwarz, in: Neue Ausgrabungen in Deutschland, 1958, S. 203 ff.: 41
A. Demandt, Antike Staatsformen, 1995, S. 416: 18
A. Demandt, Diasammlung zu Lehrzwecken, 35, 40, 48, 112, 120

Es war dem Verlag C. H. Beck nicht in allen Fällen möglich, die Inhaber des Copyrights ausfindig zu machen. Der Verlag ist selbstverständlich bereit, berechtigte Ansprüche abzugelten.

Vorwort zur ersten Auflage

Am Fuße des hessischen Glaubergs zwischen Vogelsberg und Wetterau liegt das Dorf Lindheim, in dem ich aufgewachsen bin. Als Primaner hat mich der Ausgräber des Glaubergs, Heinrich Richter, für die Alte Geschichte gewonnen. Eine der zahlreichen Besiedlungsphasen jener Höhenburg fällt in die Keltenzeit. Dies haben die aufsehenerregenden Grabfunde bestätigt, die seit 1994 ans Licht gekommen sind. Als Student habe ich 1959 unter Wolfgang Kimmig auf der Heuneburg bei Hundersingen graben dürfen; 1960 hat mich Josef Weisweiler in Marburg in die irisch-keltische Sprache eingeführt. Im gleichen Jahre brachte mir Wolfgang Dehn die keltischen Denkmäler in Burgund und Südfrankreich nahe; 1964 besuchte ich als Reisestipendiat des Deutschen Archäologischen Institutes Galatien und Pergamon, eine Exkursion 1981 mit Studenten der Freien Universität Berlin galt dem keltisch-römischen Noricum. So waren mir die Kelten stets nahe und haben 1995 in meinem Buch „Antike Staatsformen" ihren gebührenden Platz gefunden.

Auf Bitten meines Lektors Dr. Stefan von der Lahr habe ich auf dieser Grundlage das vorliegende Büchlein verfaßt. Ich habe versucht, die historischen, archäologischen und philologischen Aspekte ausgewogen zu berücksichtigen und auch die Wirkungsgeschichte der Kelten zu skizzieren. Sehr nützlich waren mir der monumentale Katalog der Ausstellung „I Celti" im Palazzo Grassi zu Venedig 1991, herausgegeben von Sabatino Moscati, und die umfassende Darstellung von Helmut Birkhan, Kelten, ²1997. Dort suche der Leser alles, was er hier vermißt.

Danken muß ich für Hinweise und Hilfen Karl Feld, Thomas Gerhardt, Renate Meincke, Uwe Puschner und meiner Frau Barbara, deren kritische Geduld auch dieser Schrift zugute gekommen ist. Meine Absicht ist: neugierig (oder in diesem Falle: altgierig) zu machen. Ich folge Augustinus (De vera religione 94): *omnis illa, quae appellatur curiositas, quid aliud quaerit, quam de rerum cognitione laetitiam?* – „Alles, was man so Neugier nennt, was sucht sie anderes, als aus der Kenntnis der Dinge Freude zu gewinnen?"

Rom, 1. März 1998 *Alexander Demandt*

Vorwort zur dritten Auflage

Die Kelten erfreuen sich einer ungebrochenen, ja wachsenden Beliebtheit. Liegt es am Mitgefühl für ein Volk, das aus der Geschichte verschwunden ist? Oder am Reiz einer Kultur, die geheimnisvoll und rätselhaft im Schatten der Griechen und Römer ihr Wesen entfaltete? Oder an der Tatsache, daß die Kelten, einst über ganz Europa einschließlich der Türkei verbreitet, von keiner einzelnen Nation als Vorfahren in Anspruch genommen werden können, somit gleichsam Gemeinbesitz des zusammenwachsenden Europa sind? Vielleicht bieten sie auch nur den ersehnten Ersatz für die vielstrapazierten Germanen?

Ich habe die Gelegenheit der Neuauflage genutzt, einiges zu berichtigen, darunter – nach einem Vortrag von Rüdiger Krause – die Deutung der umstrittenen Viereckschanzen. Anregungen und Hilfe verdanke ich außerdem Gerhard Dobesch, Franz Fischer, Johannes Heinrichs, Renate Meincke, Stefan von der Lahr, Karl Strobel, Kurt Tomaschitz und Dir, Duchessa von Heiligensee!

Bedauern muß ich, daß der Charakter der Reihe von „C.H. Beck Wissen" es verbietet, die Belege zu liefern und Streitpunkte anzumerken. Dafür bleibt weiterhin auf das Keltenkapitel (XIV) meiner „Antiken Staatsformen" von 1995 hinzuweisen; sie sind vollständig aus den Quellen erarbeitet. Das Literaturverzeichnis wurde um ein Dutzend Titel erweitert. Über den Sinn meiner Arbeit belehrt mich der baierische Hofhistoricus Johannes Aventinus († 1534): „Was mag doch größer und wichtiger sein, denn so viel Toten das Leben, dem Vergessenen das ewige Gedächtnis, dem Verfinsterten das Licht wieder schaffen und geben?"

Lindheim, 25. Dezember 2000 *Alexander Demandt*

Töne indessen fort, du Nebelharfe Ossians!
Glücklich in allen Zeiten ist, wer deinen
sanften Tönen gehorchet.

Herder 1791

1. Name

Gallia est omnis divisa in partes tres, quarum unam incolunt Belgae, aliam Aquitani, tertiam, qui ipsorum lingua Celtae, nostra Galli appellantur. „Ganz Gallien besteht aus drei Teilen, deren einen die Belgen, deren anderen die Aquitanier bewohnen, während im dritten Teil das Volk lebt, das sich selbst Kelten nennt, in unserer Sprache aber Gallier heißt." Mit diesem Satz eröffnet Caesar sein autobiographisches Werk (*commentarii*) über den Gallischen Krieg 58 bis 51 v. Chr., das Generationen von Schülern als Lehrbuch des Lateinischen gedient hat. Wer waren diese Kelten?

Im gesamten Raume nördlich der Alpen sind die Kelten das älteste namentlich bekannte Volk. Die Vorbewohner können wir nur mit modernen Kunstwörtern vom Typus „Urnenfelder-Kultur" oder „Schnurkeramiker" bezeichnen. Die griechischen Autoren verwenden die Formen *Keltoi* (so Herodot), *Keltai* (so Strabon) und *Galatai* (so Pausanias), die Lateiner *Celtae* (so Livius) oder *Galli* (so Caesar). Alle diese Namensformen bezeichnen dasselbe, im Deutschen „Kelten" genannte Volk. Es handelt sich bei diesem Namen um eine Selbstbezeichnung, sie wird vermutungsweise mit „die Kühnen" übersetzt. Heute werden die Kelten in Gallien als Gallier und die in Galatien als Galater unterschieden, während der Name „Kelten" als Oberbegriff dient. Die Germanen haben die Kelten die „Welschen" genannt, indem sie den Stammesnamen der ihnen südlich benachbarten keltischen *Volcae*, die noch zu Caesars Zeit in Mitteldeutschland lebten, auf die Kelten insgesamt ausdehnten und später sogar die Romanen damit bezeichneten. Das Wort „welsch" steckt in zahlreichen deutschen

Namen und Begriffen: *Wallis, Wallonen, Wales, Cornwall,* aber auch in *Wallach* und *Walnuß.*

Das in der Selbstbezeichnung der Kelten zum Ausdruck kommende Zusammengehörigkeitsgefühl schlägt sich in einem Abstammungsmythos nieder. Caesar (VI 18, 1) berichtet, alle Kelten hielten sich für Nachkommen des Gottes *Dispater,* zu deutsch „Gottvater". Der Name *Dispater* ist wortgeschichtlich mit *Juppiter* und *Zeus* verwandt; der gemeinte Gott aber wurde von den Römern mit dem Gott der Unterwelt, Hades/ Pluton gleichgesetzt, der bei den Kelten auch *Cernunnos* heißt. Die Vorstellung, vom Gott der Unterwelt abzustammen, entspricht einem Glauben an Bodenständigkeit, an Autochthonie.

Daneben entstand unter griechischem Einfluß die Sage, der Urvater der Kelten sei der Heros *Galates.* Solche namengebenden (*eponymen*) Heroen begegnen in der antiken Mythologie häufig. Galates soll ein Sohn des Herakles gewesen sein. Herakles zählte zu den großen Wanderheroen der Antike. Während Dionysos im Osten bis Indien gezogen sein soll, Odysseus ziemlich alle zu Wasser erreichbaren Orte besucht hatte, fabulierte man von der Reise des Herakles zu den Hesperiden im Westen, wobei er überall die Frauen verführt und seine Nachkommen hinterlassen habe. So wie später die Burgunder mit ihrem Anspruch auf Verwandtschaft mit Rom, die Franken mit ihrer angeblichen Abstammung von den Trojanern und die Sachsen mit ihrer Herleitung von den aus Babylon nach Holstein gesegelten Makedonen Alexanders, haben schon gebildete Kelten der römischen Kaiserzeit versucht, durch eine etymologisch-genealogische Abstammungslegende ihre Zugehörigkeit zur mediterranen Kulturwelt zu erweisen.

Über ein halbes Jahrtausend wurde die Geschichte Westeuropas von den Kelten bestimmt. Ihre Stämme fassen wir als politische Gebilde in der Zeit vom 6. Jahrhundert vor bis zum 1. Jahrhundert n. Chr. Für Griechen und Römer waren die Kelten Barbaren, entsprachen dem damit verbundenen Bild und haben zu dessen Prägung beigetragen. Als nördliche Nachbarn der mediterranen Poliswelt (Welt der Stadtstaaten) gehören sie zu den antiken Randkulturen. Dieser Begriff darf nicht in abwertendem Sinne verstanden werden. Er entspringt der ethnologischen Beobachtung, daß der kulturelle Austausch nicht immer von gleich zu gleich erfolgt: Oft besteht ein „kulturelles Gefälle", denn stets gab es „Entwicklungsvölker", die von ihren weiter fortgeschrittenen Nachbarn mehr gelernt als diesen vermittelt haben, die mehr Einflüsse aufgenommen als ausgestrahlt haben. Caesar (VII 22) nennt die Gallier ein Volk, das höchst geschickt darin sei, Anregungen und Erfindungen von anderen, woher auch immer, aufzugreifen und auszunutzen. So haben die Kelten von den Griechen und Römern Schrift- und Geldwirtschaft übernommen, beides aber nie völlig ausgebildet, bevor sie ihre politische Selbständigkeit verloren. Dies wiederum beruht auf ihrer militärischen Unterlegenheit. So wie die Völker der übrigen antiken Randkulturen, waren auch die Kelten den Römern unter gleichen Rahmenbedingungen im Felde nicht gewachsen; die römischen Legionen waren stets besser bewaffnet, besser diszipliniert und besser organisiert. Gleichwohl hatten die Kelten den Römern auf dem technischen Sektor manches zu bieten (s. u.).

Trotz ihrer hohen historischen Bedeutung sind die Kelten von der politischen und ethnischen Landkarte Europas verschwunden. Nach ihrer durch Reiterei und Eisenwaffen erleichterten großen Expansion, die von Irland bis Zentralanatolien reicht, und den engen Berührungen mit den Völkern des Mittelmeerraums sind die Kelten im Zuge der Hellenisierung im Osten und der Romanisierung im Westen bis auf geringe Reste im *Celtic Fringe* untergegangen, genauer: in den nachfolgenden Völkern aufgegangen. Im Mittelalter jedoch treten sie wieder in Erscheinung und haben im Zuge dreier Renaissancen das Kulturleben Europas befruchtet. Diese Renaissancen bis in die jüngste Zeit verbinden sich mit den Namen Artus, Ossian und – man verzeihe! – Asterix.

2. Ursprung und Quellen

Unser Wissen über die Kelten beziehen wir in erster Linie aus den griechischen und römischen Schriftstellern. Anlaß für die Berichterstattung sind in der Regel kriegerische Begegnungen. Die ältesten Nachrichten stammen von zwei Historikern aus dem griechischen Kleinasien, Hekataios von Milet und Herodot von Halikarnassos. Hekataios schrieb in der Zeit um 500 v. Chr., er nennt das Hinterland der ligurischen Küste und von Marseille – griechisch *Massalia*, lateinisch *Massilia* – *Keltikê* (*gê*), „keltisches Land", wo auch die Stadt *Nyrax* liege. Mit einiger Wahrscheinlichkeit läßt sich *Nyrax* mit dem Königreich *Noricum* in Kärnten und Steiermark gleichsetzen, so daß damals der Alpenraum und das Rhônetal als keltisch angesprochen werden dürfen.

Herodot (II 33; IV 49) überliefert aus der Zeit um 450, der *Istros*, d.h. die Donau, entspringe im Lande der Kelten, bei der Stadt *Pyrene*. Meint er hier die Pyrenäen? Sie wären dann aus seiner Perspektive mit dem Schwarzwald verschmolzen. Die Kelten lebten, so schreibt er, außerhalb der Säulen des Herakles – wenn man sie nämlich zu Schiff erreichen wollte, denn das Hinterland von Marseille war von Ligurern bewohnt – und seien das „vorletzte" Volk in Europa nach Westen hin. Das letzte Volk im Westen wäre dann in Portugal anzunehmen. Demnach besiedelten die Kelten um 500 v. Chr. das Voralpenland und das mittlere Frankreich.

Unter den späteren Autoren griechischer Zunge berichten über die Kelten insonderheit Polybios in seinem um 150 v. Chr. abgefaßten, großenteils verlorenen Geschichtswerk; der Stoiker Poseidonios, der um 90 v. Chr. Gallien und Spanien bereist hat, dessen griechisch verfaßte Völkerkunde von Diodor benutzt wurde, sonst jedoch nur in Zitaten erhalten ist; weiterhin der unter Augustus schreibende Geograph Strabon, der Reiseschriftsteller Pausanias aus dem 2. Jahrhundert n. Chr. und die Enzyklopädie antiker Tafelkultur des Athenaios aus Naukratis in Ägypten, verfaßt um 200 n. Chr.

Die lateinischen Literaten überragt Caesar, der uns in seinen eingangs erwähnten sieben Büchern „De bello Gallico" ausführlich und verläßlich über das keltische Stammeswesen unterrichtet, vor allem in seinem Gallier-Exkurs (VI 11–20). Dieses Werk ist gemeint, wenn, wie hier, hinter Caesars Namen Buchnummer und Paragraph in Klammern zitiert werden. Caesar hat als Prokonsul 58 bis 51 v. Chr. Gallien erobert und Land und Leute dabei gründlicher kennengelernt als irgend jemand vor ihm. Trotz des immer wieder erhobenen und stellenweise begründeten Vorwurfs einer *déformation historique* (Rambaud 1966) bleibt Caesar als Quelle unersetzbar. Einzelne Meldungen aus zweiter Hand verdanken wir weiterhin den unter Augustus entstandenen lateinischen Geschichtswerken von Livius, Pompeius Trogus beziehungsweise Justin, Tacitus (um 100) und Ammianus Marcellinus (um 400).

Caesar ist der erste antike Autor, der zwischen Kelten und Germanen unterschieden hat. Seinem genannten Exkurs über die Gallier folgt ein solcher über die Germanen. Vor der Zeit Caesars herrschte die Ansicht, daß West-, Mittel- und Nordeuropa ausschließlich von keltischen Stämmen bewohnt seien. Es ist möglich, daß bereits Poseidonios den Unterschied erkannt hat, da er die Sprache der germanischen Teutonen anscheinend nicht als gallisch betrachtete. Die Gleichsetzung der beiden Völker beruhte auf der weitgehenden Übereinstimmung in Wesensart und Lebensform, auf ihrer Nachbarschaft und darauf, daß der Name *Germani* höchstwahrscheinlich eine keltische Fremdbenennung für die sich selbst als Sweben bezeichnenden Völker rechts des Rheins darstellt. Der Name *Germani* findet sich überdies für zwei rein keltische Stämme an der oberen Rhône und in Spanien. Obschon die Verschiedenheit von Kelten und Germanen seit Caesar und erst recht seit der „Germania" des Tacitus jedem Römer bekannt sein konnte, haben einzelne Autoren bis in die byzantinische Zeit die Germanen unbeirrt zu den Kelten gerechnet, so Appian, Cassius Dio und das große byzantinische Lexikon aus dem 10. Jahrhundert, die Suda.

Der nach antiker wie moderner Ansicht entscheidende Grund

für die Verschiedenheit von Kelten und Germanen liegt in der Sprache. Das Keltische, das in ganz Gallien gesprochen wurde, ebenso in Britannien und Galatien, gehört zu den 1810 von dem Dänen Conrad Malte Brun so benannten indogermanischen Sprachen. Wir besitzen keine längeren keltischen Texte, nur etwa 60 Inschriften der vorchristlichen Zeit. Dazu kommen Namen auf Münzen und Glossen antiker Autoren sowie eine Fülle von Personen- und Ortsnamen. Keltische Namen für Flüsse, Berge, zuweilen auch Siedlungen begegnen in einem Gebiet, dessen Nordgrenze vom Niederrhein über das keltische „Eisenach" bis nach Böhmen verläuft. Keltisch oder vorkeltisch sind die Namen vieler deutscher Flüsse, so die von Rhein, Lippe, Ruhr, Lahn, Main, Nidda, Neckar und Tauber. Auch Donau, Isar und Lech tragen keltische Namen. Der Gesamtraum keltischer Ortsnamen greift dann aus über ganz Frankreich, nach Mittelspanien und Britannien.

Die Sprachwissenschaft unterscheidet zwischen zwei Formen des Keltischen, dem Q-Keltischen und dem P-Keltischen. Q-Keltisch hat beispielsweise die Form *equos* für Pferd, P-Keltisch die Form *epos*. Wir finden im Kernraum, das heißt in Gallien und England mit Wales und Cornwall, aber auch in Galatien das P-Keltische, durchsetzt mit wenigen Resten von Q-keltischen Ortsnamen (*Sequana* – Seine), während in Irland, Schottland und in Spanien das Q-Keltische herrschte, das als Gälisch oder Goidelisch bis in die Gegenwart gesprochen wird. Das Q-Keltische zeigt engere Verwandtschaft zum Lateinischen (*equus*), und das erlaubt den Schluß, daß das Q-Keltische die ältere Variante ist, die aus dem späten 2. Jahrtausend stammt, als Urkelten und Uritaliker noch Nachbarn in Mitteleuropa waren. Im Zentralraum hat sich die Sprache zum P-Keltischen fortgebildet, ohne daß die konservativen Randzonen dieser Entwicklung gefolgt wären. Eine verwandte Erscheinung zeigt das kanadische Französisch, wo sich Eigenarten gehalten haben, die im Mutterland verschwunden sind.

Aus der Zeit und dem Raum, für welche eine keltische Besiedlung bezeugt ist, stammt ein geschlossener Komplex gleichartiger Bodenfunde, der seit 1872 nach einer fundreichen

Sandbank im Neuenburger See in der Westschweiz als Latène-Kultur bezeichnet wird. Es ist die jüngere, von 450 v. Chr. bis zur Römerzeit gerechnete Eisenzeit. Sie bildet den Abschluß der Urgeschichte in Mitteleuropa. Da die Latène-Kultur sich kontinuierlich aus der Hallstatt-Kultur, benannt nach dem wichtigsten Ort des keltischen Salzbergbaus im Salzkammergut, d. h. aus der älteren Phase der Eisenzeit, heraus entwikkelt hat, werden auch bereits deren Träger als Kelten angesprochen. Sie umspannt in Süddeutschland die Zeit von etwa 800 bis 450 v. Chr.

Die Kelten der Hallstatt- und Latène-Zeit sind archäologisch sehr gut bezeugt. Wir kennen zahlreiche Höhensiedlungen (*oppida*), denken wir an den Mont Auxois (das antike Alesia), den Mont Beuvray (das antike Bibracte), an die Heuneburg bei Hundersingen an der oberen Donau oder den Glauberg in der hessischen Wetterau. Die wichtigsten Funde lieferten unberaubte Fürstengräber, darunter das um 480 v. Chr. angelegte, 1953 aufgedeckte Hügelgrab von Vix beim *oppidum* Mont Lassois mit reichstem Inventar, ausgestellt in Châtillon-sur-Seine, der 1977 entdeckte Tumulus von Hochdorf beim *oppidum* Hohenasperg aus der Zeit um 540 v. Chr. mit kostbaren Beigaben, heute im Landesmuseum Stuttgart, sowie das Grab vom Glauberg, entdeckt 1994, aus dem 5. Jahrhundert. Die Zahl der hallstattzeitlichen Grabhügel allein in Württemberg wird auf fast 7 000 geschätzt.

Für die weiter zurückliegenden Perioden werden die Annahmen über das, was „keltisch" heißen darf, ungewisser. Ob die der Hallstattzeit vorausgegangene Urnenfelder-Bronzezeit (1200 bis 800 v. Chr.) oder gar die davor anzusetzende Hügelgräber-Bronzezeit (1500 bis 1200 v. Chr.) bereits von keltisch Sprechenden getragen wurde, bleibt umstritten. Der Begriff „Protokelten" ist eine Verlegenheitslösung. Nach der herrschenden Ansicht ist die Ausbreitung der Urnenfelder um 1100 v. Chr. mit der Wanderung der Indogermanen nach Westen gleichzusetzen. Der Historiker steht bei den Kelten vor demselben Problem, das mit der Herkunft der Griechen, Germanen und Slawen verbunden ist: Die Anfänge sind dunkel. Letztlich läuft die Frage nach dem Ursprung der Kelten auf einen Streit um Worte hinaus: Da wir niemals wissen werden, seit wann sich Menschen selbst als Kelten betrachtet haben, bleibt es uns überlassen, welche Fundgruppen wir als keltisch bezeichnen. Und wüßten wir, wie lange es die Selbstbezeichnung der Kelten gibt, so wäre daraus für deren ethnische Identität ebensowenig zu folgern wie aus der nominellen Kontinuität der „Preußen". Was haben die alamannischen Hohenzollern auf dem deutschen Kaiserthron außer dem Namen mit den Pruzzen an den masowischen Seen gemein?

3. Ausbreitung nach Westen

Klarer wird die Geschichte der Kelten nach der Zeit um 500 v. Chr. Sie ist gekennzeichnet durch eine rasche Expansion aus dem Voralpenraum in alle Himmelsrichtungen außer nach Norden, wo die gleichfalls vordringenden Germanen entgegenstanden (s. Abb. 1). Der nördlichste bisher bekannte keltische Fürstensitz ist der Glauberg am Rande der Wetterau, 20 km nördlich des Mains. Die Keltisierung erfolgte einerseits durch die Verbreitung keltischer Lebensformen und keltischer Sprache, andererseits durch wellenartige Wanderbewegungen der Kelten selbst. Mitunter spricht der Wandergeist aus den Stammesnamen. Der Name der Tektosagen bedeutet die „Dachsucher", verweist auf die Wohnungsnot, kann also erst auf der Wanderschaft entstanden sein. Der Name der Allobroger in Savoyen bedeutet *alienigenae* – „die andernorts Geborenen" – und muß ihnen als Fremdbezeichnung von vorher dort angekommenen oder in der Nähe lebenden Kelten verliehen worden sein. Die Dynamik der keltischen Expansion nahm die der Germanen in der Völkerwanderung vorweg und ist mit denselben Voraussetzungen verkoppelt: Kriegsgeist, Kinderreichtum und einfache, ländliche Lebensform. „Lieber sterben als tatenlos altern", lautete eine bei Silius Italicus (I 225), einem Dichter aus neronischer Zeit, überlieferte Maxime der Kelten – und danach haben sie gelebt.

Züge in den Westen führten zu einer Keltisierung ganz Galliens, weniger intensiv Spaniens (Keltiberer), wo der Landschaftsname *Gallaecia* im Nordwesten auf sie verweist, und Britanniens, wo die frühesten keltischen Funde in der Nähe der Themsemündung solchen aus der Champagne gleichen. Sie gehören ins 5. Jahrhundert v. Chr. Die Kelten Britanniens lebten nach dem Zeugnis Strabons (IV 5, 2) in besonders einfachen Verhältnissen. Um 75 v. Chr. überrannten die Belgen Südengland und schufen die Ordnung, die Caesar wenig später dort vorfand. Die von ihnen hinterlassene Sachkultur, überwiegend Grabbeigaben, entspricht wiederum genau den

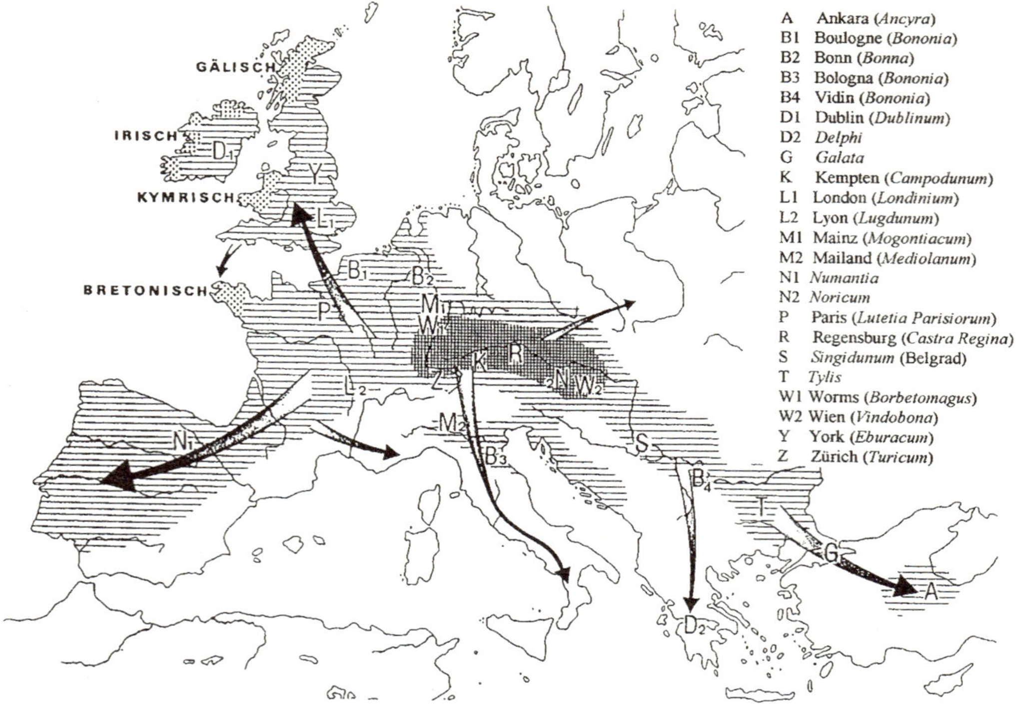

GÄLISCH
IRISCH
KYMRISCH
BRETONISCH

A Ankara *(Ancyra)*
B1 Boulogne *(Bononia)*
B2 Bonn *(Bonna)*
B3 Bologna *(Bononia)*
B4 Vidin *(Bononia)*
D1 Dublin *(Dublinum)*
D2 *Delphi*
G *Galata*
K Kempten *(Campodunum)*
L1 London *(Londinium)*
L2 Lyon *(Lugdunum)*
M1 Mainz *(Mogontiacum)*
M2 Mailand *(Mediolanum)*
N1 *Numantia*
N2 *Noricum*
P Paris *(Lutetia Parisiorum)*
R Regensburg *(Castra Regina)*
S *Singidunum* (Belgrad)
T *Tylis*
W1 Worms *(Borbetomagus)*
W2 Wien *(Vindobona)*
Y York *(Eburacum)*
Z Zürich *(Turicum)*

Abb. 1: Verbreitungskarte der Kelten (Demandt, Antike Staatsformen)

18

archäologischen Funden der gleichen Zeit aus Nordfrankreich – eine Parallelität, die sich ein weiteres Mal im 6. Jahrhundert n. Chr. zwischen der Keramik der Sachsen in Britannien und jener in Holstein wiederholt. *Hibernia* – Irland wurde von den keltischen *Scotti* besetzt, die in der Spätantike nach *Caledonia* hinübergriffen, doch ist der Name „Schottland" erst seit dem hohen Mittelalter gebräuchlich. Im 4. Jahrhundert n. Chr. plünderten die irischen Schotten gemeinsam mit den caledonischen Pikten das römische Britannien, das damals ärger noch von den germanischen Sachsen heimgesucht wurde. Bei Dicuil (s. u.) und anderen späteren Geographen umfaßt der Name „Britannien" auch Irland.

Folgenschwerer war die Bewegung nach Süden. Die bei Livius (V 33 f.) erhaltene Wandersage berichtet, in der Zeit des fünften Römerkönigs Tarquinius Priscus, also um 550 v. Chr., hätten in Gallien die Biturigen die höchste Macht besessen. Ihr König Ambicatus, der das Keltenland (*Celticum*) tapfer und glücklich regierte, wollte das Land von seiner Übervölkerung befreien und schickte in hohem Alter die Söhne seiner Schwester, Bellovesus und Segovesus, auf die Suche nach neuen Wohnsitzen. Das Los kündete den Willen der Götter: Segovesus erhielt den Hercynischen Wald, das heißt Mitteldeutschland, Bellovesus aber das sehr viel erfreulichere Italien. Mit einer großen Schar aus sieben Stämmen kam er über die Alpen.

Etwas anders lautet die in der Weltgeschichte des Justin (XXIV 4,1) erhaltene Sage des romanisierten Galliers Pompeius Trogus. Er nennt die Zahl von 300 000 Kelten, die in der Heimat kein Brot mehr fanden und den Vogelzeichen folgend in einem *ver sacrum* über die Alpen zogen, „als erste nach Hercules", teils nach Pannonien, teils in die Po-Ebene. Der Begriff *ver sacrum* – „heiliger Frühling" – bezeichnet ein bei den frühen Italikern übliches Ritual: In einem Notjahr gelobt das Volk, alles, was das kommende Frühjahr bringt, den Göttern zu opfern. Die dann geborenen Kinder werden großgezogen und auf Landsuche in die Fremde geschickt.

Die Abwanderung nach Italien kann die Ursache zweier archäologischer Befunde im nördlichen Voralpenraum aus der

Zeit vor 400 darstellen. Es ist zum einen die statistisch signifikante Zunahme an Gräbern von Frauen, die offenbar nur zum kleineren Teil den Männern über die Alpen gefolgt sind, und zum anderen ein sogenannter Zerstörungshorizont, das heißt Spuren von gleichzeitig großflächig niedergebrannten Behausungen. Gewöhnlich deutet derartiges auf Kriegsereignisse; hier aber denken wir an den Bericht Caesars (I 5), daß die Helvetier vor ihrem Auszug ihre Siedlungen zerstört haben.

Das von den Kelten besiedelte Norditalien hieß fortan *Gallia Cisalpina*, das aus römischer Sicht „diesseits der Alpen gelegene" Gallien, während die „jenseitige" *Gallia Transalpina* auch als *Gallia Comata* (*coma* – das lange Haar) oder als *Gallia Bracata* (*bracae* – die lange Hose) firmiert, nachdem die Gallier in Italien die römische Tracht angenommen hatten, so daß ihr Land auch als *Gallia Togata* bezeichnet wurde. Die Kelten erschienen in Italien in mehreren Stämmen. Die Insubrer besetzten die Gegend um das von Bellovesus gegründete *Mediolanum* – Mailand, die Cenomanen die Landschaft um *Brixia* – Brescia und Verona, die Boier den Raum um *Bononia* – Bologna und die Senonen die Küste um *Ariminum* – Rimini. Die Verbindung über die Alpen blieb erhalten, die zwischen Schwäbischer Alb und Inn wohnenden Raeter wurden keltisiert. Was die Gallier in den Süden lockte, waren nach Livius das Obst und der Wein. Die in der Po-Ebene ansässigen Nordetrusker konnten den Einmarsch nicht verhindern. Sie verloren ihre achtzehn Städte. In einzelnen Fällen, so in Marzabotto südlich von Bologna, haben die Archäologen die etruskische Siedlung noch im Zustand gleich nach der Eroberung vorgefunden, mit den Waffen und den Gefallenen zwischen den Trümmern.

Auch die Römer haben unter den Kelten gelitten. Sie erlebten damals ihren ersten *Sacco di Roma*. Nach der bei Livius (V 33 ff.) erhaltenen, patriotisch überformten Tradition hatten die gallischen Senonen unter Brennus die nördlich von Rom liegende Etruskerstadt *Clusium* – Chiusi angegriffen. Die Bewohner wandten sich an Rom um Hilfe. Der Senat schickte drei Gesandte aus dem Geschlecht der Fabier, doch richteten diese bei den Galliern nichts aus, die Fremden forderten Land. Der Kampf ging weiter, und an ihm nahmen die römischen Gesandten auf seiten Clusiums teil. Einer tötete sogar einen Keltenfürsten. Brennus forderte für diese Rechtsverletzung Genugtuung, die jedoch wurde von Senat und Volk verweigert. Die Römer zogen den Senonen entgegen, erlitten aber am 18. Juli 387 am Bach Allia, 20 km nördlich von Rom, eine vernichtende Niederlage.

Die siegreichen Kelten marschierten auf der Via Salaria nach Rom, aus dem die meisten Bewohner geflohen waren, und besetzten die Stadt. Gemäß der älteren, schon in den „Annalen" des Dichters Ennius um 180 v. Chr. (Vers 228 Skutsch) faßbaren Tradition nahmen die Gallier auch die Burg ein, nach der jüngeren, annalistischen Überlieferung hielt das Capitol stand. Einen nächtlichen Versuch, den Felsen zu erklettern, sollen die der Juno heiligen Gänse durch ihr Schnattern verraten und verhindert haben. Sie hüteten den Tempel der Ehegöttin, der da stand, wo sich heute die Kirche Santa Maria in Aracoeli erhebt. Ihren Beinamen Moneta, die Mahnerin (von *monere*), hat Juno wohl aber nicht erst damals erhalten. Da in ihrem Heiligtum die Münzstätte war, gewann *moneta* schon bei Ovid die Bedeutung „Münze". Das deutsche Wort stammt daher.

Die Römer hatten sich nach Veji zurückgezogen und mußten den Abzug der Gallier nach sieben Monaten mit Gold erkaufen. Als die vereinbarte Menge von tausend Pfund geliefert wurde, warf Brennus noch sein Schwert in die Waagschale und antwortete auf den Widerspruch der Römer (aber gewiß nicht lateinisch): *Vae victis!* „Wehe den Besiegten!" So lesen wir bei Livius (V 48, 9). Das Wort ist schon bei Plautus um 200 v. Chr. geflügelt. Während der Verhandlungen des Senates mit Brennus soll Camillus ein Heer gesammelt und die abziehenden Senonen besiegt haben, so daß die Schätze zurückkamen und die Waffenehre wiederhergestellt war. Die ältere, bei Polybios (II 22) erhaltene Überlieferung spricht von einer gelungenen Heimkehr der Kelten samt ihrer Beute. Der *dies ater Alliensis*, der „schwarze Tag von der Allia", blieb Staatstrauertag bis in die Spätantike. Mit ihm beginnt die traumatische Angst der Römer vor den nördlichen Barbaren.

Nach ihrem Sieg sind einzelne Keltenscharen durch ganz Italien hindurchgestoßen. Sie wurden von Dionysios I, dem Tyrannen von Syrakus, angeworben und, wie Xenophon in seinen „Hellenika" (VII 1, 20) dartut, 368 v. Chr. den durch Epameinondas bedrängten Spartanern zu Hilfe gesandt. Damals erschienen sie zum ersten Male in Hellas. Auch die Etrusker und die Karthager bedienten sich keltischer Söldner. Der keltische Ausdruck für Söldner lautet „Gaesaten" (Speermänner), wie Orosius (IV 13, 5) feststellt. Wenn sie von anderen Autoren als besonderer Stamm betrachtet wurden, mag das damit zusammenhängen, daß sie sich in Gruppen unter eigenen als Königen – so jedenfalls bei Polybios (II 22, 2) – titulierten Führern anwerben ließen.

In den folgenden Jahren kam es noch zu weiteren, teilweise bis Apulien führenden Raubzügen und Zusammenstößen mit Rom, die ebenfalls legendär ausgeschmückt wurden. Um 360 v. Chr. besiegte Titus Manlius Imperiosus die Gallier an der Brücke über den *Anio* – Aniene, östlich von Rom. Die Kelten wurden Rom zum letzten Male gefährlich, als der Punier Hannibal 218 v. Chr. aus Spanien und Südfrankreich über die Alpen kam und zum Kampf gegen Rom aufrief. Er fand in der *Gallia Cisalpina* Gehör. Insubrer und Boier schlossen sich ihm an und vertrieben die Römer, die sich bei ihnen angesiedelt hatten. Im Jahre 207 unterstützten die cisalpinen Kelten Hasdrubal, der aus Spanien seinem Bruder Hannibal über die Alpen zur Hilfe gekommen war, ihn aber nicht erreichte. Nach dem Abzug der Punier aus Italien 203 v. Chr. nahmen die Römer Rache. Mit den Insubrern und Cenomanen kam es zu einer Verständigung, aber die Boier wurden weitgehend vertrieben oder ausgerottet, die *Gallia Cisalpina* wurde romanisiert. Sulla richtete sie als Provinz ein, Caesar rekrutierte hier seine Legionen zum Kampf gegen die *Gallia Transalpina*.

4. Züge in den Osten

Aus ihren Stammsitzen in Süddeutschland und Frankreich sind die Kelten nach Osten vorgedrungen. Bereits Ende des 5. Jahrhunderts v. Chr. besetzten sie Böhmen (*Boiohaemum*), das seinen Namen den keltischen Boiern verdankt, und erbauten die Burgen (*oppida*) Stradonitz und Preßburg. Von dort zogen Keltenscharen weiter nach Schlesien und Siebenbürgen. Die Keltisierung der illyrischen Ostalpen vollzog sich im 3. Jahrhundert v. Chr. Das schon genannte *regnum Noricum* hatte sein Zentrum auf dem von den Österreichern vorbildlich erforschten Magdalensberg in Kärnten (*Virunum*), die Bewohner hießen *Norici* oder *Taurisci*.

Kleinere Gruppen erreichten schon früh das Schwarze Meer. Seit dem 4. Jahrhundert erscheinen die Kelten als Verbündete der Makedonen gegen die Illyrier. 335 schworen sie gemäß Strabon (VII 3,8) Alexander dem Großen die Treue und zwar mit einer Formel, deren konditionale Selbstverfluchung ähnlich tausend Jahre später noch bei den irischen Gälen (Thurneysen 1921, S. 150; 199) vorkommt: „Wir wollen Treue halten, oder aber der Himmel möge niederstürzen und uns zerschmettern, die Erde sich öffnen und uns verschlingen, das Meer sich erheben und uns ersäufen". Von dieser Formel scheint Alexanders Lehrer Aristoteles, so in seiner „Nikomachischen Ethik" (1115b 25), gehört zu haben, hat sie aber wohl mißverstanden, wenn er schreibt, das Übermaß an Kühnheit bei den Kelten erkenne man daran, daß sie nicht einmal die Gewalt von Erdbeben oder Seestürmen zu fürchten behaupteten. Denn mit Katastrophen dieser Art mußten die Kelten in ihrer Heimat nicht rechnen.

Im Jahre 324 finden wir Kelten unter den Gesandten der Westvölker an Alexanders Hof in Babylon. Im Jahre 280 durchstießen keltische Heere Makedonien, nach Diodor (XXII 9,1) gefolgt von zweitausend Lastfahrzeugen. Der Führer, wieder ein Brennus, besiegte und tötete 279 v. Chr. den Makedonenkönig Ptolemaios Keraunos. Das unbefestigte reiche Apollon-

Heiligtum von Delphi wurde geplündert, ein Teil der Beute gelangte später in den Tempel im südgallischen *Tolosa* – Toulouse, wo er 106 v. Chr. den Römern in die Hände fiel. Auf die griechische Welt hat die Plünderung Delphis großen Eindruck gemacht; man fabelte vom persönlichen Eingreifen der Götter, die den Rückzug der Barbaren erzwungen hätten. Im fernen Alexandria flocht der Dichter Kallimachos in seinen Hymnos auf Apollons Insel Delos die Verse ein: „Und ein Kampf wird kommen dereinst, für uns alle zusammen, / später wenn gegen Hellas sie die barbarischen Schwerter / zücken werden und wenn sie den keltischen Kriegsgott beschwören, / spätgeborne Titanen im Sturm vom äußersten Westen / sausen heran wie Flocken im Schnee, ohne Zahl wie die Sterne ..."

Auf dem Wege nach Südosten ließen sich mehrere Keltengruppen an der mittleren und unteren Donau nieder. Am Unterlauf von Save, Drau und Morawa siedelten die Skordisker. Sie vermischten sich mit den ansässigen Thrakern, bewahrten aber bis in die Kaiserzeit ihre rauhen Sitten: Sie sollen Totenschädel als Trinkschalen benutzt haben. Daß sie den Besitz von Gold verschmäht hätten, weil das nur Unheil bringe, glauben wir Athenaios (234 AB) ungern. Sie kämpften mit wechselndem Erfolg gegen die Römer und gründeten die von jenen ausgebaute Stadt *Singidunum* – Belgrad.

Im Zuge des großen Keltenvorstoßes nach Südosten ließ sich in Thrakien am Südfuße des Haimos-Gebirges (Balkan) 278 v. Chr. die Gefolgschaft des Königs Kommontorios nieder. Er baute sich die Residenz Tylis bei dem heutigen bulgarischen Dorf Tulowo. Von dort aus ließ er seine Krieger ausschweifen; die griechische Stadt Byzantion mußte ein halbes Jahrhundert lang Tribut zahlen, bis der Keltenkönig Kauaros 212 v. Chr. einem Angriff der Thraker unterlag. Das Keltenreich von Tylis verschwand aus der Geschichte.

Während des Vorstoßes von 280 gelang 20 000 Kelten, davon 10 000 Kriegern, unter ihren Königen Lonorius und Lutarius der Übergang über die Meerengen nach Kleinasien. Zunächst waren sie Söldner der Könige von Bithynien, später kämpften sie als solche für alle kriegführenden Mächte der

Mittelmeerwelt, im Westen bis Rom, Massilia und Karthago; selbst bei den Ptolemäern in Ägypten dienten sie zu Tausenden. 268 v. Chr. wurden sie in der „Elefantenschlacht" vom Seleukidenkönig Antiochos I besiegt, erhielten jedoch Siedlungsraum im fortan so genannten Galatien, im Halysbogen Zentralkleinasiens. Sie hatten – so wie beim Alpenübergang zuvor – das Land, das sie plünderten beziehungsweise besetzten, im voraus durchs Los geteilt. Der unter Kaiser Hadrian (117–138) schreibende griechische Historiker Appian nennt die Namen der drei Stämme: Tektosagen um Tavium, Trokmer in und um *Ankyra* – Ankara und Tolistoboier (oder Tolistoagier) um Pessinus.

In der Folgezeit treten die Galaterstämme regelmäßig in Erscheinung, wenn die Nachbarmächte im Kampf lagen. Mit den griechischen Königen von Pergamon stritten sie dauernd. Attalos I, um 235 v. Chr., verweigerte ihnen die von seinen Vorgängern gezahlten Stillhaltegelder. In der Schlacht bei Magnesia am Sipylos 190 v. Chr. kämpften sie auf Seiten des Seleukidenkönigs Antiochos III gegen die Römer. Nach deren Sieg strafte 189 v. Chr. der Konsul Manlius Vulso den Tolistoagierkönig Ortiagon, der die Herrschaft über ganz Galatien erstrebte, und nahm angeblich 40 000 Gefangene mit. Trotzdem hat Ortiagon dem griechischen König von Pergamon Eumenes II zu schaffen gemacht. Im Jahre 166 gelang diesem ein Sieg, doch hinderten ihn die Römer daran, die Galater zu unterwerfen.

Die Siege der Attaliden über die Galater haben Ausdruck gefunden in drei Denkmalgruppen, die zum Bedeutendsten gehören, was die griechische Skulptur hervorgebracht hat. Attalos stiftete nach seinem Sieg am Kaikos um 235 v. Chr. der Athena Nikephoros auf der Burg von Pergamon eine Gruppe von Bronzestatuen, die sogenannten „Großen Gallier", von denen Marmorkopien erhalten sind. Es handelt sich um den „Sterbenden Gallier", das heißt einen Trompetenbläser, heute im Museo Capitolino zu Rom, und um den Gallier, der sein Weib und sich selbst ersticht, aus der Sammlung Ludovisi, seit kurzem im Palazzo Altemps in Rom zu sehen. Die Kopien hatte Caesar beziehungsreich nach seinem Sieg über die Westkelten für seine später an Sallust gelangten Gärten herstellen lassen.

Um 160 v. Chr. entstand das zweite Siegesmonument, die Gruppe der „Kleinen Gallier" an oder auf der Südmauer der Akropolis von Athen. Es zeigte einerseits den Kampf der Athener gegen die Amazonen, parallelisiert mit der Schlacht bei Marathon, andererseits die Gigantomachie der Götter, parallelisiert mit dem Sieg der Pergamener über die Galater. Diese Gruppe läßt sich im Quadrat interpretieren: zweimal entsprechen sich ein mythisches und ein historisches Ereignis, zweimal ein Sieg der Kultur über die Barbarei. Diese von Pausanias (I 25,2) beschriebene unterlebensgroße Gruppe ist ebenfalls nur aus römischen Kopien bekannt.

Bedeutender noch ist der Große Altar von Pergamon, von Eumenes II um 160 v. Chr. für Zeus und Athena gestiftet. Der umlaufende Fries zeigt wiederum den Kampf der Götter gegen die Giganten, von jedem antiken Betrachter erkannt als mythisches Vorbild des Galatersieges. Eine ähnliche Parallele könnte hinter der in Pergamon entstandenen (sogenannten weißen) Gruppe von Apollon und Marsyas stehen: auch hier der Sieg einer griechischen Gottheit über die Hybris eines asiatischen Unholds (Kay Ehling). In der Spätantike wurde der Pergamonaltar zu den Sieben Weltwundern gezählt, dennoch hat man ihn in byzantinischer Zeit auseinandergenommen und in eine Festungsmauer der durch die Türken bedrohten Stadt verbaut. Nach der Entdeckung durch den Tiefbauingenieur Carl Humann begann die Ausgrabung 1878 unter seiner Leitung; er starb 1896 und liegt in Pergamon auf der oberen Agora begraben.

Fortgeführt wurden die Arbeiten im Auftrag der Berliner Museen durch Alexander Conze und Theodor Wiegand. Gemäß Vertrag mit der Hohen Pforte vom 16. August 1879 kamen die Platten nach Deutschland und erregten großes Aufsehen. Das leidenschaftliche Pathos, die dynamische Bewegungsvielfalt entsprachen nicht der Formel Winckelmanns von „edler Einfalt und stiller Größe" und führten zur Bildung des Stilbegriffs „hellenistischer Barock". Jacob Burckhardt reiste nach Berlin und schrieb am 10. August 1882 an Max Alioth: „Fries von Pergamon! Alles voll der wütendsten Vehemenz und im allergrößten Stil, der ein gutes Stück Kunstgeschichte auf den Kopf stellt!"

5. Die Wirtschaft

Die Gallier besaßen eine hochstehende Wirtschaft, die weiter entwickelt war als die der gleichzeitigen Germanen, Italiker und Etrusker. Die Viehzucht galt vor allem den Schweinen und den Rindern. Bei den Rindern heben die antiken Autoren die gute Rasse, bei den Schweinen die Menge hervor. Die Haustiere waren indessen erheblich kleiner als ihre heutigen Artgenossen. Die Knochenfunde von Manching bezeugen u.a. 42% Rinder, 32% Schweine. Das (Wild-) Schwein wird in der keltischen Kunst so oft dargestellt, daß man es geradezu als Nationalsymbol verstehen könnte – analog dem Eichbaum, von dessen Früchten es sich nährt. Wildbret ist unter den Knochenfunden jedoch selten. Grundnahrungsmittel waren Getreide und Hülsenfrüchte. Die Gallier kannten ursprünglich weder Ölbaum noch Weinstock.

Im vielseitig entfalteten Landbau finden wir das System der Koppelwirtschaft: ein bestimmtes Land wird mehrere Jahre als Acker verwendet, speziell zum Getreideanbau, dann längere Zeit als Weide. So erholt sich der Boden. Außer der natürlichen Düngung während der Weidephase kannten die Kelten den künstlichen Dung mittels Kalk und Mergel, der auch gehandelt wurde. Die Koppelwirtschaft bedingt das Einfrieden der Äcker, dies wiederum setzt Privatbesitz am Boden voraus. Gemeinbesitz gab es gemäß Diodor (V 34,3) bei den keltiberischen *Vaccaei*, die ihr Land gemeinsam bestellten, den Ertrag verteilten und jeden, der etwas beiseite gebracht hatte, mit dem Tode bestraften. Erst mit einer intensiven Bodennutzung kam es zum Privateigentum. Die lange beliebte Lehre vom Urkommunismus, die sich auf ähnliche Produktionsformen bei den Germanen stützt, kann damit freilich nicht die Egalität der Gesellschaft erweisen. Denn in der Gemeinde entschieden die Angesehensten. Gemeinbesitz verbürgt nicht Gemeinsinn; Zwist gab es immer. Um Streit zu vermeiden, wurde das Eigentum eingeführt, und seit es das gibt, streitet man über nichts lieber als über Eigentum.

Die eigentliche Stärke der keltischen Wirtschaft lag, ähnlich wie bei den Etruskern, in der Metallindustrie. Die Kupfergruben aus dem Salzburger Land versorgten zeitweise ganz Mitteleuropa. Sehr früh wurde das für die Bronze wichtige Zinn von Cornwall abgebaut. Ein ägyptischer Papyrus aus dem frühen ersten Jahrtausend v. Chr. enthält das Wort *pretan* für Zinn, das dem Namen *Britannia* zugrundeliegen könnte, so wie Kypros die „Kupferinsel" und Kreta die „Kreideinsel" ist. Die Bronze behielt auch in der Eisenzeit Bedeutung. Sie rostet nicht, läßt sich vergolden und in Folge ihrer Geschmeidigkeit mit dem Treibhammer formen, so zu Helmen, zu reliefverzierten Eimern (*situla*) und Kesseln, dem noch in der irischen Sage wichtigsten Hausgerät der Kelten.

Berühmt war der Goldreichtum Galliens. Er stammt aus Goldsand führenden Flüssen zumal in den Westalpen. Polybios (XXXIV 10,10) erwähnt den aufsehenerregenden Fund einer Goldader in Noricum um 150 v. Chr. Der 106 v. Chr. von den Römern geplünderte Tempelschatz von *Tolosa* – Toulouse enthielt angeblich fünf Millionen Pfund Gold. Als Caesar mit seiner Beute den italischen Geldmarkt überschwemmte, sank nach dem Zeugnis Suetons (54) der Goldpreis. Silber wurde durch die Keltiberer in Spanien gewonnen, doch haben erst die Karthager dort den Bergbau in größerem Stil eingeführt, als sie nach dem verlorenen Ersten Punischen Krieg durch die Barkiden-Familie die iberische Halbinsel unter ihre Kontrolle gebracht hatten.

Die Geräte aus Buntmetall sind die wichtigsten Zeugnisse für den Kunstsinn der antiken Kelten. Arbeiten in Leder, Holz und Gewebe haben sich kaum erhalten. Ähnlich dem ländlichen Kunsthandwerk anderer Zeiten dominiert eine dekorative, abstrakte Ornamentik in geometrischen Formen. Menschen und Tiere werden nicht naturalistisch, sondern stark vereinfacht mit verzogenen Proportionen wiedergegeben. Die Elemente erscheinen im Bedeutungsmaßstab, nicht ihren realen Größenverhältnissen entsprechend. Kennzeichnend sind phantastische Fabelwesen, zusammengefügt aus menschlichen und tierischen Körperteilen, schwungvoll stilisierte Figuren, oft in Reihung gleicher oder abgewandelter Form. Südliche Anregungen werden aufgenommen und umgesetzt; die Resultate verraten, wo nicht die Hand individueller Meister, so doch das Stilempfinden des Volkes. Eindrucksvoll ist die vielfarbige, mit Mustern aller Art verzierte Irdenware der Hallstattzeit. Griechische Vorbilder zeigen sich hinter den Steinskulpturen der Kelten. Sie beginnen im 6. Jahrhundert v. Chr. mit dem Herrn von Hirschlanden, gefolgt von den Glauberger Statuen aus dem 5. Jahrhundert (s. Abb. 2). Die Stücke sind selten.

Das wichtigste Metall war das Eisen. Zweihundert Jahre später als in Italien begann die Verhüttung in Gallien. Die seit dem 7. Jahrhundert dort hergestellten Latène-Schwerter sind technisch besser als die gleichzeitigen der Römer; das lateinische Wort für Schwert *gladius* (Gladiole ist eine Schwertlilie) stammt aus dem Keltischen. Wie solche Kulturübernahmen stattfanden, wird aus zufällig erhaltenen Nachrichten deutlich. Der ältere Plinius berichtet in seiner „Naturgeschichte" (XII 5) – dieses Werk ist stets gemeint, wenn im folgenden auf eine Stelle bei Plinius verwiesen wird –, daß um 400 v. Chr. in Rom ein keltischer Helvetier namens Helico *alias* Elico gelebt habe, der für seine Handwerks- oder Schmiedekunst (*ars fabrilis*) berühmt war und seinen Landsleuten Feigen und Trauben, Öl und Wein als Zeugnis für das schöne Leben in Italien heimgebracht habe.

Aus dem Bieler See bei Bern stammt ein Schwert mit einer Schlagmarke: zwei gegenständige Steinböcke an einer Palme und in griechischen Buchstaben der Name KORISIOS. Andere Klingen zeigen einen Reiter, einen Fußabdruck, einen Stier, einen Eber oder eine Maske. Waren das Firmensymbole, Besitzermarken oder Heilszeichen? Die berühmten norischen Schwerter (*Noricus ensis*) bestanden, technologisch nachgewiesen, aus Stahl. Diodor (XVI 94,3) fand es berichtenswert, daß der Mörder von Philipp II, dem Vater Alexanders, bei seinem Attentat einen keltischen Dolch benutzte.

Die Kelten haben in Mitteleuropa den Bergbau eingeführt. Erzbergwerke lagen in Britannien, wo die Eisenverarbeitung

Abb. 2: Der Keltenfürst vom Glauberg, Sandstein, frühes 5. Jahrhundert v. Chr.

erst im 6. Jahrhundert beginnt, in Aquitanien, in Lothringen, im Siegerland, in Noricum und in Böhmen. Stollen erreichten eine Teufe bis zu 100 Metern. Einzelne dieser Arbeitsplätze sind archäologisch gut erforscht und machen es möglich, den arbeitsteiligen Herstellungsprozeß genau zu rekonstruieren, so Camp d'Affrique bei Nancy. Im ersten vorchristlichen Jahrhundert gewann die keltische Eisenindustrie das Ausmaß von Großbetrieben. In Manching sind bisher rund 200 verschiedene Typen eiserner Geräte gefunden worden. Als Eisenschmiede und Bergleute sind die Kelten in die germanische Mythologie eingegangen, wenn die Sieben Zwerge Schneewittchens über den römerzeitlichen *Genius Cucullatus* mit Recht auf den „hilfreichen Kleinen im Kapuzenmantel" des Keltenglaubens zurückgeführt werden (R. Egger 1948). Unser Wort „Eisen" ist ein keltisches Lehnwort; ebenso „Ger", „Glocke" und „Brünne", wahrscheinlich auch „Ofen", ursprünglich in der Funktion als Schmelzofen.

Die handwerkliche Überlegenheit der Kelten zeigt sich weiterhin darin, daß sie den Germanen die bei den Ägyptern schon im dritten Jahrtausend v. Chr. bekannte Töpferscheibe und die Drehmühle vermittelt haben. In vielen Produktionszweigen haben die Kelten Hervorragendes geleistet, denken wir an die Emailkunst, die Glasherstellung (namentlich in Bibracte), die Leder- und Textilverarbeitung, an Drechslerei und Wagnerei. Die von den Kelten erfundenen zweiachsigen Wagentypen wurden noch bis ins 19. Jahrhundert als Postkutschen verwendet. Mehrfach spricht Caesar von Brücken in Gallien (I 7; VII 19). Auch die Römer haben von den Kelten gelernt, wie die etwa zweihundert keltischen Lehnwörter für Waffen, Fahrzeuge und Textilien im Lateinischen erweisen. Wie bei den meisten Völkern war die Textilarbeit bei den Kelten eine Domäne der Frauen. Kennzeichen keltischer Kleidung waren die zum Reiten erforderlichen Hosen (*bracae*) mit Beinen und die vor Kälte und Regen schützenden Mäntel (*mantum*) mit Ärmeln. Lateinisch *caliga, caligula* – „Soldatenstiefel" ist ebenfalls keltisch. Auch das Pferdegeschirr haben die Römer von den Kelten übernommen und nur um Zierstücke bereichert. Als Kuriosum betrachteten die Römer die noch in der Spätantike verwendete keltische Mähmaschine (*vallus*), ein mit Messern bestückter großer Kamm zwischen zwei Rädern, der von Eseln geschoben wurde. Plinius (XVIII 72) beschreibt das Gerät; Abbildungen besitzen wir auf Grabreliefs aus Trier, Köln, Koblenz und Luxemburg.

Schon in der Hallstattzeit war die Salzgewinnung ein wichtiger Gewerbezweig der Kelten. Wie das Erz, so suchten sie auch das Salz unter Tage. Die seit 1846 erforschten Stollen von Hallstatt erreichen eine Teufe bis über 200 m und eine Gesamtlänge von mindestens 5500 m. Die Technik des Abbaus ist – namentlich auf dem Dürrnberg bei Hallein an der Salzach – archäologisch gut ermittelt: Alle dazu erforderlichen Geräte – bis zu den Kienspänen – wurden gefunden. Tausende von Gräbern aus dem 7. und 6. Jahrhundert bezeugen eine florierende Industrie. Der Name „Hallstatt" bedeutet „Salzstadt", so wie auch „Hallein", „Halle" und Schwäbisch „Hall" mit „Salz" zusammenhängen. Während im Alpengebiet Steinsalz unter Tage abgebaut und dann weiterverhandelt wurde, hat man anderen Ortes salzhaltige Quellen im Siedeverfahren ausgebeutet, so im hessischen Bad Nauheim.

Im gesamten Keltengebiet gab es Fernhandel, in geringerem Umfang mit den Bernsteinländern, im größeren mit der mediterranen Welt. Ausgeführt wurde aus den keltischen Alpen Steinsalz und Bergkristall, aus Cornwall das Zinn, das teils von karthagischen Seeleuten über den Golf von Biscaya, teils durch keltische und griechische Händler auf der Seine-Rhône-Route in den Süden gelangte. Die antiken Berichte über die sagenhaften Zinn-Inseln (Kassiteriden), so bei Strabon (III 5,11), beziehen sich sicher auf Britannien. Daneben lieferten die Kelten Söldner und Sklaven. Nach Strabon (IV 4,3) versorgten die Kelten Italien mit Pökelfleisch und Mänteln. Plinius (XIX 7; 13) rühmt die Schönheit der in Italien begehrten gallischen Frauenkleider aus Leinen, ebenso Polster und Kissen, die in Gallien erfunden worden seien.

Unter den Einfuhrgütern sind neben Wein und Öl die – überwiegend mit dem Trinkwesen verbundenen – künstlerisch bedeutsamen etruskischen Schnabelkannen und Becken aus Bronze zu nennen, sodann die griechischen Amphoren, vielfach bemalte attische Keramik aus einzelnen Siedlungen und zahlreichen Gräbern des Keltenlandes. Umschlagplatz war Massilia. Griechischen Ursprungs sind zwei der drei Löwen-Attaschen (Besatzstücke) am Bronzekessel von Hochdorf, der Greifenkessel von La Garenne und die an verschiedenen Orten gefundenen Korallen, die gemäß keltischem Glauben, wie Plinius (XXXII 23) meldet, Gefahren abwenden sollten. Das Grab von Vix enthielt außer zwei schwarzfigurigen attischen Trinkschalen aus der Zeit um 520 v. Chr. den schönsten und größten frühgriechischen Bronzekrater, den wir besitzen. Er wurde um 480 in Großgriechenland gearbeitet, wiegt 208,6 kg und ist mit Deckel 1,84 m hoch. Sein Halsband ziert ein Fries von Viergespannen, gelenkt von behelmten Kriegern; die Henkel, die wegen der Größe des Gefäßes nur dekorative Bedeutung haben, zeigen Medusenköpfe.

Auf Verbindungen nach Osten verweist das prachtvolle Golddiadem mit Pegasusmotiven aus demselben Grab, eine griechisch-skythische Arbeit. Noch weiter in den Orient führen der auf der Achalm bei Reutlingen gefundene Weihrauch, das Elfenbein am Mobiliar des Grabes vom Grafenbühl am Hohenasperg sowie ein singulärer Textilfund: Im Hügelgrab Hohmichele bei der Heuneburg wurde 1937 chinesische Rohseide gefunden, wie sie bisher in Europa nur von den Agora-Funden aus Athen bekannt ist. Caesar (VI 17) berichtet, daß die Kelten den Gott *Teutates*, von den Römern *Mercurius* genannt, am höchsten verehrten, der auf Reisen schütze und beim Geldgewinn und Handel (*ad quaestus pecuniae mercaturasque*) Hilfe böte, er war der Gott der Geschäftsleute. Das römische Wort für den ledernen Geldsäckel, *bulga*, stammt aus dem Keltischen; es liegt unserem „Budget" zugrunde.

Seit etwa 400 v. Chr. finden wir Münzen bei den Kelten. Die Typen sind vom griechischen Geld abhängig. Insbesondere die Goldstatere und Tetradrachmen Philipps II von Makedonien wurden in großem Umfang nachgeprägt. Die Westkelten bevorzugten Gold, die Ostkelten Silber. Die Münzbilder

Abb. 3: Britannische Münzen und ihr griechisches Vorbild (links)

zeigen dabei Stufen fortschreitender Verwilderung und Barbarisierung, so hätte ein Grieche das bezeichnet, oder zunehmender Stilisierung, ja Dämonisierung, so interpretiert das die moderne Ästhetik. Die naturalistische Figur der antiken Vorlage, auf der Vorderseite ein Kopf, auf der Rückseite ein Pferd, eine Gottheit oder sonst ein Symbol, wird von Kopie zu Kopie bis zur Unkenntlichkeit ins Ornamentale aufgelöst, bis auf den sogenannten Regenbogenschüsselchen bloß noch Punkte und Linien übrigbleiben (s. Abb. 3). In *Aremorica* – Bretagne sind keltische Münzen gefunden worden, die den syrakusanischen Arethusa-Typen des 4. Jahrhunderts nachgeprägt sind. Offenbar handelt es sich bei den Vorbildern um Münzen aus dem Solde der Krieger, die bei dem Tyrannen Dionysios I in Dienst standen (s. o.) und so den Weg in den Norden gefunden haben.

Der Übergang zur Geldwirtschaft zeigte positive wie negative Auswirkungen. Caesar erzählt von einträglichen Zöllen, die von den Adligen eingezogen wurden und deren Reichtum begründeten. Auch das Kreditwesen florierte bereits samt seinen üblen Begleiterscheinungen, der Verschuldung und der Versklavung von Zahlungsunfähigen. Mehrere gallische Fürsten erscheinen mit Kopf und Namen in lateinischen Buchstaben auf den Münzen, darunter drei durch Cäsar bekannte Männer:

Dumnorix, Litaviccus und Vercingetorix. Mit dem Sieg Roms endet die keltische Prägung. Die wichtigste Münzstätte der nun römischen Typen blieb aber *Lugdunum* – Lyon.

Nach griechischem Vorbild sind die Kelten zur Verwendung der Schrift übergegangen. Doch haben sie diese, ähnlich wie zuvor die Mykenäer das Linear B, nur zu praktisch-technischen Zwecken verwendet, nicht für Literatur. Caesar (I 29; VI 14) bezeugt Bürgerlisten in griechischen Buchstaben bei den Helvetiern. Der Kontakt lief über Massilia. Dorthin schickten die Gallier während der späten Republik ihre Söhne zur Schule, von dort holten sie sich Redner und Ärzte. Massilia war in römischer Zeit dreisprachig. Der Schriftgebrauch der Kelten wird bestätigt durch archäologische Funde, sowohl von Inschriften, überwiegend auf Grabsteinen, beginnend um 500 v. Chr. an den lombardischen Seen, später zahlreich um Narbonne, als auch durch Schreibgerät, so in Manching, wo Griffel und vom Besitzer griechisch signierte Töpfe gefunden wurden.

Aus jüngerer Zeit kennen wir die Verwendung des lateinischen, iberischen und nordetruskischen Alphabets. Unter mediterranem Einfluß haben die Kelten auch Siegelringe benutzt. Trogus (Justin XLIII 4, 1 f.) bemerkt, durch den Verkehr mit den Griechen Massilias hätten die Gallier ihren barbarischen Lebensstil überwunden: nicht nur Wein- und Ölbaumkultur, Ackerbau und Städtewesen übernommen, sondern auch die gesittete Lebensart. Er lobt ihre Bereitschaft, Gesetzen, nicht Waffen zu gehorchen, *legibus, non armis vivere.*

6. Die Religion

Religion und Mythologie der Kelten haben stets eine besondere Faszination ausgestrahlt. Die reiche und dennoch weitgehend unklare Überlieferung hat selbst angesehene Gelehrte zu höchst gewagten Spekulationen veranlaßt. Diese Theorien sind um so problematischer, je poetischer sie klingen. Was nicht aus keltischen oder griechisch-römischen Quellen zu belegen ist, bleibt hypothetisch, insbesondere die oft so phantasievolle Deutung der keltischen Bildwerke.

Caesar (VI 16) bescheinigt den Galliern eine tiefe Religiosität. Ihre Götter wurden von den Römern ihren eigenen gleichgestellt (*interpretatio Romana*), der *Teutates* dem Merkur, der *Cernunnos* dem Pluton, *Grannus* dem Apollon, der *Lenus* dem Mars usw., doch gab es auch unübertragbare Götternamen wie die Stutengöttin *Epona*, wie *Rosmerta*, die Gefährtin Merkurs, oder die zumal am Niederrhein im gallisch-germanischen Grenzbereich verehrten drei Matronen. Sie erscheinen auf Votivsteinen der Römerzeit im Bilde, im Rheinland mit verschiedenen, meist keltisch-germanischen Beinamen. Matronensteine finden sich ähnlich in der Provence und auf Irland. Es muß eine zugehörige Mythologie gegeben haben, die wir nicht mehr besitzen; drei göttliche Frauen kennen wir ebenfalls aus der griechisch-römischen und aus der germanischen Religion, denken wir an die Gorgonen, an die Chariten beziehungsweise Grazien oder die drei Schicksalsgöttinnen, die bei den Griechen Moiren, bei den Römern Parzen, bei den Germanen Nornen hießen. In christlicher Zeit wurden daraus die „drei Marien", Embede, Warbede und Wilbede, so im Dom zu Worms.

Erinnerungen an Keltenkulte haben sich trotz kirchlichen Protestes lange gehalten. Dazu eine Überlieferung aus dem Hessenland. Sie betrifft das Frau-Hollen- oder Wildfrauengestühl über dem Niddatal nahe dem Glauberg. Hier im Angesicht der (1923/1924 zu Bauzwecken zerstörten) „Totenstadt" von Niedermockstadt (mit mindestens 120 Grabhügeln) erhebt sich auf der gegenüberliegenden rechten Flußseite über einer kleinen Hügelgräbergruppe ein der Uferberglehne vorgelagerter Hügel. Nach ihm pflegten bis in die Mitte des 19. Jahrhunderts die Bewohner sämtlicher umliegender Orte, nachdem sie sich in Blofeld versammelt hatten, am Himmelfahrtstag auszuziehen, um dort ein Fest zu feiern. Oberhalb dieses Hügels aber befindet sich auf dem Plateau der Berglehne, dem Hohenberg, der sogenannte Frau Hollenstuhl, ein durch Steinsetzungen künstlich hergerichteter Platz, dessen Mittelpunkt eine mächtige Basaltbank von dreieinhalb Meter Länge, zwei Meter Breite und ein Meter mittlerer Höhe bildet. Sie ist augenscheinlich von Menschenhand als Opferstein ausgearbeitet, denn sie trägt auf der Oberfläche nebeneinander drei fast rechteckige (also künstliche) Vertiefungen von etwa 50 Zentimeter Durchmesser und 24 Zentimeter Tiefe (K. Demandt, Geschichte des Landes Hessen, 1972, S. 88).

Die Galater verehrten insbesondere die bei den Griechen Artemis genannte Göttin. Dies beruht auf der altorientalisch-kleinasiatischen Mutterreligion, die im vielgestaltigen Kult der Magna Mater zum Ausdruck kommt. In Babylon hieß sie Astarte, in Ägypten Isis, in Ephesos die „vielbrüstige" Artemis oder Diana, die wir aus der Apostelgeschichte des Lukas (19, 23 ff.) kennen. Das Zentrum des Kybele-Kultes war Pessinus in Phrygien, es lag im Machtbereich der Galater. Die Göttin wurde dort anikonisch, verkörpert in einem Meteor, verehrt.

Die Kosmologie der Kelten rechnete, ähnlich der griechisch-römischen, mit einer Ewigkeit der Welt, die allerdings durch Feuer- oder Wasserkatastrophen unterbrochen werde, so Strabon (IV 4, 4). Der ausgeprägte Unsterblichkeitsglaube begegnet in der Form der Seelenwanderung, so Caesar (VI 14), der damit die Tapferkeit der Gallier erklärt. Diodor (V 28, 6) stellt dem die ähnliche Lehre des Pythagoras zur Seite, ohne jedoch eine Abhängigkeit der einen Doktrin von der anderen anzunehmen. Eine Parallele findet ebenso Valerius Maximus (II 6, 10) in der bei den Kelten verbreiteten und bei Pythagoras möglichen Annahme, daß Schulden noch im Jenseits zurückgezahlt werden könnten, so daß es kein Unglück sei, mit einem Guthaben zu sterben. Mit der Metempsychose ist ein Fortleben der Seelen *apud inferos*, d.h. in der Unterwelt, unverträglich. Doch gab es auch diese Vorstellung, denn Diodor (a.O.) überliefert, die Kelten hätten ihren Toten auf den Scheiterhaufen Briefe an Verstorbene ins Jenseits mitgegeben.

Wie die Germanen verehrten die Kelten ihre Götter in heiligen Hainen, keltisch *nemeton*. Hier wurden außer den Kultgeräten die Feldzeichen und Kriegstrophäen aufbewahrt, sowie Beutegut und Weihegaben. Letztere versenkte man auch in heiligen Seen und Flüssen, in denen Wasser- und Unterweltsgötter verehrt wurden, so in der Duxer Riesenquelle bei Teplice in Nordböhmen. Tausende von Frauenringen und -fibeln (Gewandspangen) aus dem 4. Jahrhundert v. Chr. kamen dort zutage. In Latène am Neuenburger See wurden 166 Schwerter und 269 Lanzenspitzen geborgen.

Soweit es sich bei den Opfergaben um Gebrauchsgegenstände handelt, wurden diese oft zuvor bewußt beschädigt: Halsringe zerbrochen, Wagen zerlegt, Schwerter verbogen. Damit minderte man den Anreiz für Diebe und erfüllte dennoch das Gelübde. Auch bei Grabbeigaben läßt sich diese Sitte zuweilen beobachten, so im Hügel von Hochdorf. Die Keltenschätze erregten ob ihres Reichtums das Staunen der Griechen und Römer. Poseidonios (Diodor V 25 ff.) verwunderte sich über die Menge des Goldes. Andere Berichterstatter heben freilich die düstere Seite hervor. Nach den Scholien zu Lucan (I 445) wurden die Opfer für Teutates in Wasserkesseln ertränkt. Derselbe Dichter (III 399) berichtet von einem heiligen Hain bei Massilia mit plumpen hölzernen Götterfiguren und Schlachtaltären, die ebenso wie die Baumstämme ringsum in schauriger Finsternis vom Blut der Menschenopfer trieften – ein Ort, wo es von Schlangen wimmele, so grauenvoll, daß sich kein Vogel dorthin traue, kein Windhauch und kein Blitz. Caesars Soldaten, die Holz holen sollten, hätten sich gefürchtet, dort Bäume zu fällen, bis der Imperator selbst zur Axt griff.

Kultanlagen aus der Hallstattzeit haben die Form von Opferplätzen und werden seit dem 3. Jahrhundert v. Chr. architektonisch ausgestaltet. Eigentümlich ist der in Gallien und

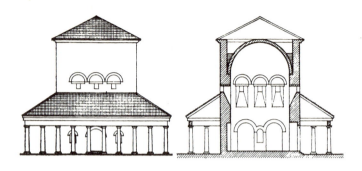

Abb. 4: Gallorömischer Umgangstempel von Autun, Rekonstruktionszeichnung.

Britannien häufig nachgewiesene gallorömische Umgangstempel, ein quadratischer Holzbau mit pyramidenförmigem Dach und einer umlaufenden Vorhalle (s. Abb. 4). Er ist in einem heiligen Hain zu denken. Die in Stein erhaltenen Bauten, namentlich der aus Ziegeln errichtete sogenannte Janus-Tempel von *Augustodunum* – Autun, sind in römischer Zeit errichtet worden. Für kultische oder politische Versammlungen dienten ebenfalls die in Süddeutschland geläufigen sogenannten Viereckschanzen, die zunächst an die Reste römischer Kastelle denken ließen, im Inneren jedoch fundarm sind und meist nur eine Opfergrube oder einen Brunnen aufweisen (s. Abb. 5). Nach dem Zeugnis des Poseidonios (Athenaios 152 D) haben die Kelten in „viereckigen Einschließungen von zwölf Stadien (1500 Schritte) Seitenlänge" ihre Gelage abgehalten, die dadurch zugleich Kultmahle waren. Neuere Forschungen machen indes wahrscheinlich, daß die meisten dieser Umwallungen Gehöfte waren, *aedificia privata* (Caesar I 5,2).

Die Götterbilder bestanden aus Holz; solche aus Stein oder Metall waren bei den Kelten ebenso unüblich wie bei den Germanen. Wir besitzen nur sehr wenige Skulpturen, die dafür in Betracht kommen. Die ithyphallische Figur von Hirschlanden, heute in Stuttgart, gilt als das Bild eines Verstorbenen. Ebenso stellt die 1996 auf dem Glauberg gefundene Krieger-

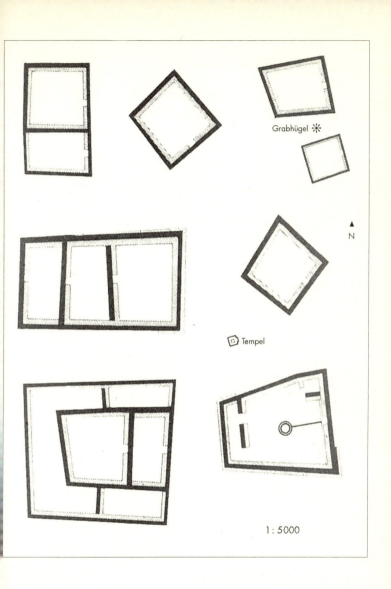

Abb. 5: Viereckschanzen.

statue einen Fürsten dar, wie der Fundort, ein Hügelgrab, und eine Halskette von ungewöhnlicher Form belegt, die auf dem Stein wiedergegeben ist und als goldenes Original im Grab lag (s. o. Abb. 2). Die bildlichen Darstellungen der keltischen Götter stammen erst aus römischer Zeit und sind zunehmend dem Reichsstil angeglichen worden. Eigentümlich keltisch sind die Juppiter-Giganten-Säulen, die auf Dreigöttersteinen (Viktoria-Merkur-Mars) stehen. Einige von ihnen haben sich erhalten, andere kennen wir aus Lebensbeschreibungen spätantiker Missionare in Gallien, die diese Idole gestürzt haben. Die keltische Religion hat sich auf dem Lande noch weit in christliche Zeit hinein, sicher bis ins 5. Jahrhundert n. Chr., behauptet.

Das eindrucksvollste Bildzeugnis heidnisch-keltischer Religiosität ist der rätselhafte Silberkessel von Gundestrup im Nationalmuseum von Kopenhagen (s. Abb. 6). Der 69 cm breite, 42 cm hohe Kessel wurde, in Teile zerlegt, 1891 im „Fuchsmoor" bei Gundestrup in Dänemark gefunden, ist mithin germanisches Beutegut gewesen, das – wie die Moorleichen und viele andere Moorfunde – vermutlich nach einem Sieg über Kelten den Unterweltsgöttern geopfert worden war. Die ehemals vergoldeten Platten zeigen den Geweihgott Cernunnos, identifiziert durch einen römischen Altar mit Inschrift, der unter dem Chor von Notre Dame in Paris entdeckt wurde, weiterhin Götterbilder mit Wendelringen, Fabelwesen, Tiere, darunter grotesk verzeichnete Elefanten, die ebenso wie ein Delphinreiter und eine an Mithras gemahnende Stiertötung auf mediterranen Einfluß hinweisen. Die Motive stehen ohne erkennbare Beziehung nebeneinander, ähnlich den Figuren auf gallischer Terra-Sigillata-Keramik der frühen Kaiserzeit. Wahrscheinlich stammt der Gundestrup-Kessel aus dem ostkeltisch-thrakischen Raum. Die Datierung schwankt zwischen 200 vor und 100 nach Christus.

Während Griechen, Römer und Germanen keine hauptamtlichen Priester kannten, deren Funktion vielmehr Laien übertrugen, gab es bei den Kelten einen eigenen Priesterstand. Das waren die Druiden. Der Name ist verwandt mit griechisch

Abb. 6: Kessel von Gundestrup, Cernunnos-Platte.
Nationalmuseum Kopenhagen.

drys – Eiche und läßt sich daher mit „Eichenpriester" wiedergeben. Nach Plinius (XVI 249 ff.) war ihnen der Eichbaum heilig, nebst der auf ihm wachsenden Mistel, die der Druide am 6. Tag nach Neumond in weißem Gewand mit goldener Hippe (*falx* bezeichnet jedes krumme Messer) schnitt, um daraus einen Trank zu brauen, der Gesundheit und Fruchtbarkeit versprach. Misteln wachsen auf Eichen höchst selten, und eben dieser Seltenheit halber (und nicht, weil Misteln überhaupt selten sind, wie Plinius schreibt), waren sie heilig.

Die Druiden gehörten neben den Rittern zum gallischen Adel. Sie waren gemäß Caesar (VI 14, 1) von Abgaben und vom Wehrdienst befreit, erst im gälischen Mythos treten sie auch kämpfend auf. Wer Druide werden wolle, schreibt Caesar, müsse zwanzig Jahre lernen: lange Gedichte, Lehren für die Jugend über die Seele, die Sterne, die Erde, die Natur und die Götter. Die Druiden sprachen in Form von Rätseln oder Bildern über Welt und Geschichte, über Rechte und Sitten. Caesar betont, daß diese Traditionen nur mündlich weitergegeben werden dürften. Da die Kelten Buchstaben kannten und benutzten, liegt hier offenbar eine bewußte Verweigerung vor, die eine Profanisierung des Mythos verhindern und Macht und Ansehen des Druidenstandes schützen sollte. Im 3. Jahrhundert n. Chr. erfand ein irischer Weiser die Ogamschrift. Sie ist abgeleitet aus dem lateinischen Alphabet und wurde überwiegend für Inschriften auf Grab- und Grenzsteinen genutzt, öfters auch als Bilingue. Sie war mithin keine Geheimschrift.

Im Jahre 61 v. Chr. kam der Häduer Divitiacus in politischem Auftrag nach Rom und war dort Hausgast bei dem von ihm verehrten Cicero (De divinatione I 90). Dieser Druide wird als naturkundig bezeichnet, er kenne Künftiges aus Vogelzeichen. Weissagung wurde in Gallien somit wie bei den Etruskern und Römern durch Vogelschau (*auguria*) betrieben. Manche Autoren unterscheiden die Seher (*vates*) von den Priestern. Wahrscheinlich ist das lateinische Wort *vates* aus dem Keltischen entlehnt. Wenn es von den Silurern in Wales heißt, daß sie sich besonders auf die Weissagung verstünden, so könnte diese Notiz bei Solin (22, 7), einem Kuriositätensammler aus dem 3. Jahrhundert, auf die Druiden verweisen. Plinius (XXX 13) nennt sie Seher und Ärzte. Auch das Kalenderwesen unterstand ihnen, wir kennen es aus dem Mondkalender von Coligny. Dieses 1897 gefundene, von einem römischen Altmetallhändler in 150 Bruchstücke zerlegte Bronzeblech ist das umfangreichste erhaltene altkeltische Schriftstück. Es stammt aus dem späten 2. Jahrhundert n. Chr. und hatte sicher kultische Bedeutung, die im einzelnen freilich ebenso unklar ist wie die anderer Kalender der Frühzeit.

Neben ihren religiösen Funktionen erfüllten die Druiden auch politische und juristische Aufgaben. Nach Caesar (VII 33, 3) ernannten sie in einem Interregnum den Oberbeamten. Regelmäßig versähen sie Richterfunktionen. In allen Streitfragen, öffentlich wie privat, hätten sie zu entscheiden, bei Verbrechen und Mord, Erbauseinandersetzungen und Grenzkonflikten. Sie setzten die Strafen fest, und wer sich ihnen nicht unterwerfe, werde von der Teilnahme an den Staatskulten ausgeschlossen. Die Exkommunikation erklärt Caesar für die allerschwerste, sie habe die allgemeine Ächtung zur Folge. Strabon (IV 4, 4) rühmt die Gerechtigkeit der Druiden. Dion

Chrysostomos (or. 49, 8) berichtet, ohne die Druiden dürfe kein König etwas unternehmen oder entscheiden, so daß in Wahrheit sie regierten. Die Kaiser Tiberius (14–37 n. Chr.) und Claudius (41–54 n. Chr.) verboten die Druiden aus politischen und humanitären (s. u.) Gründen, doch haben sie noch im Civilisaufstand 69/70 n. Chr. eine Rolle gespielt und Rom den Untergang prophezeit. Daß im späten 3. Jahrhundert n. Chr. Aurelian und Diocletian sie befragt hätten, wie die ‚Scriptores Historiae Augustae' behaupten, ist zweifelhaft, zumal hier von Druidinnen, wohl in Anlehnung an die germanischen Seherinnen, die Rede ist. Weibliche Druiden gab es nach Solin (22, 7) bei den Silurern in Wales, jedenfalls kennt sie (*bandrui*) die irische Heiligenlegende, sie erscheinen dort als zaubermächtige Versucherinnen. Die Gestalt der Kundry im „Parzival" geht möglicherweise auf sie zurück.

Der gesamtgallische Charakter des Druidentums zeigt sich in ihren zentralen Institutionen. Einmal im Jahr versammelten sich die Priester, so berichtet Caesar (VI 13), an geweihtem Ort im Lande der Carnuten, in der Mitte Galliens. Es handelt sich wahrscheinlich um *Autricum* – Chartres, benannt nach den Carnuten. Der Kultplatz lag vermutlich unter der Kathedrale. Dorthin kamen alle, die Streitigkeiten miteinander hatten, und ließen diese von den Druiden schlichten. Auch die Galater in Kleinasien hatten ein solches Kultzentrum. Es war der heilige „Eichenhain" *Drunemeton* der Tectosagen, dort übte der Rat der Dreihundert den Blutbann. Eine entsprechende Einrichtung besaßen die Inselkelten auf *Mona* (Anglesey), die dort üblichen grauenvollen Rituale beschreiben Tacitus (Annalen XIV 30) und namentlich Cassius Dio (LXII 7) anläßlich der römischen Eroberung 61 n. Chr. Die stammesübergreifenden Heiligtümer der Kelten gemahnen an die Amphiktionien, die wir in unterschiedlicher Form bei verschiedenen Völkern des Altertums antreffen. Die Stämme des alten Israel verehrten die Bundeslade zu Silo; die Griechen, die den Ausdruck „Amphiktionie" (Umwohner) geprägt haben, trafen sich zu Festspielen in Delphi und Olympia; die Etrusker versammelten sich regelmäßig beim Tempel der Voltumna in

Volsinii. Die Germanenstämme feierten die Nerthus, die Slawenstämme den Radigast in heiligem Hain.

Einzelne Bräuche hatten eine lange Wirkung: Schon die gälische Sage kennt das Frühlingsfest am 1. Mai (*Beltane*). Seine Geschichte reicht über die Namensheilige des Tages, Walpurgis († 779), in die heidnische Zeit zurück, wie der mit der Nacht zuvor verbundene Hexenglauben bestätigt. Das Fest setzt aber den Gebrauch des römischen Kalenders voraus, der auch bei den Germanen schon in vorchristlicher Zeit üblich war. Das lehren die Namen unserer Wochentage.

Die Druiden Galliens besaßen jeweils ein Oberhaupt, gewissermaßen einen Pontifex Maximus. Er wurde auf Lebenszeit gewählt; nach seinem Tode kam es oft zum Streit um die Nachfolge, der zuweilen mit den Waffen ausgetragen wurde. Der Titel lautete wahrscheinlich *gutuater* – „Sprecher". Wir kennen ihn aus dem Aufstand der Carnuten gegen Caesar (VIII 38), der ihn als Eigennamen mißverstand, sowie von Inschriften aus der frühen Kaiserzeit, in der Gallier mit römischem Bürgerrecht dieses Amt bekleideten.

Die Druiden waren zuständig für die in der Antike allgemein üblichen Tieropfer, namentlich aber für die vielfach bezeugten Menschenopfer der Gallier. Sie glaubten, wie Caesar (VI 16) meldet, daß die Götter Leben nur um Leben gäben und darum Menschenopfer forderten. Vorzugsweise dienten Verbrecher und Gefangene dazu, doch nahm man in Notlagen auch Unschuldige. Caesars Bericht von den riesigen Götterbildern aus Weidengeflecht, die mit Menschen gefüllt und dann angezündet wurden, ist keine römische Greuelpropaganda. Diodor (V 32, 6) bestätigt, daß die Opfer gepfählt oder gekreuzigt und auf großen Scheiterhaufen verbrannt wurden, und zwar in Hekatomben, das heißt zu Hunderten, wie Strabon (III 3, 7) anmerkt. Die Menschenopfer waren gemäß Diodor (V 31 f.) mit Weissagung und angeblich auch sakralem Kannibalismus verbunden. Entsprechendes berichtet Trogus (Justin XXVI 2, 2 ff.) von den Galatern: Um die Götter gnädig zu stimmen, schlachten sie vor dem Kampf eigene Frauen und Kinder; um den Göttern zu danken, opfern sie nach dem Sieg die Gefangenen, so lesen wir bei Diodor (XXXI 13) und Athenaios (160 E). Cicero (Pro Fonteio 31) kommentiert die Menschenopfer in Gallien mit Abscheu.

Archäologische Funde haben den keltischen Opferbrauch bestätigt. Menschenknochen haben sich in Opfergruben von Viereckssschanzen gefunden. In Ribemont-sur-Ancre im Departement Somme wurde ein 150 mal 180 m messender Kultplatz aus dem späten 3. Jahrhundert v. Chr. ausgegraben, wo die Gebeine von etwa tausend geopferten Jugendlichen zwischen fünfzehn und zwanzig Jahren sorgsam aufgeschichtet entdeckt wurden.

Abgeschlagene Menschenköpfe (*têtes coupées*) waren begehrte Kriegstrophäen. Mit ihnen schmückte man nicht nur die Tempel, sondern ebenso Pferdenacken, Stadttore und Hauseingänge, so wie die Jäger heute noch die Köpfe der erlegten Hirsche und Eber aufhängen. Die Köpfe ihrer vornehmsten Feinde, heißt es bei Poseidonios, bewahren sie über Generationen hinweg mit Zedernöl einbalsamiert in einer Kiste, um sie ihren besonders geschätzten Gästen vorzuführen, Der Autor (Diodor V 29, 5) fand diese Sitte abscheulich: Es sei tierisch, den Kampf noch gegen Tote fortzusetzen. Für keinen Preis seien ihnen diese Trophäen feil.

Auch die Kopfjagd ist archäologisch bezeugt: so in Roquepertuse (s. Abb. 7) und Entremont (Provence) und in Manching. Dort wurden bisher 56 Schädel in Siedlungsgruben gefunden. Die Köpfe der Opfer von Ribemont waren zur besonderen Verwendung abgetrennt. Kopflose Skelette fand man ebenso in Mont Troté in den Ardennen. Kopfjägerei gibt es noch im gälischen Mythos. Als Variante dazu sammelt auch einmal ein Krieger die Zungenspitzen seiner Gegner, so wie die Irokesen auf Skalpe aus waren oder David dem König Saul zweihundert Vorhäute erschlagener Philister ablieferte, um dessen Tochter Michal zur Frau zu gewinnen (1. Samuel 18, 27).

Menschenköpfe begegnen vielfach in der keltischen Kunst: in Stein oder Gold, als Vollplastik oder Relief, als Einzelstück oder als Schädelpyramide. Geschlossene Augen, hängende Stellung oder fehlender Mund erweisen sie als Köpfe Toter. Im

Abb. 7: Schädelpfeiler von Roquepertuse.

Museum von Brescia gibt es silberne Kriegerorden (*phalerae*) mit 9 und mit 20 Köpfen. Münzen des von Caesar beseitigten Häduerfürsten Dumnorix mit der Umschrift DUBNOREIX zeigen das Bild eines Kriegers, der in der einen Hand eine Kriegstrompete, in der anderen einen abgeschlagenen Kopf hält. Die Römer haben wie den Karthagern so den Kelten die Menschenopfer verboten, nachdem sie in Rom, wo sie nur sporadisch vorkamen, seit 97 v. Chr. durch Senatsbeschluß untersagt worden waren. In Britannien hielt sich die Sitte länger: „Bis heute", schreibt der beim Vesuvausbruch 79 n. Chr. ums Leben gekommene ältere Plinius (XXX 13). Menschenopfer waren bei fast allen frühen Völkern Sitte, wurden aber im Zuge der Zivilisation abgeschafft. Das öffentliche Bewußtsein sperrte sich mehr und mehr dagegen. Die Sagen vom verhinderten Opfer Isaaks durch Abraham und dem der Iphigenie durch Agamemnon bieten mythische Erklärungen für die Beseitigung der Sitte: Die Götter selbst verboten sie. Die letzten Menschenopfer in Europa werden bei Adam von Bremen aus dem 11. Jahrhundert von den heidnischen Schweden in Uppsala gemeldet.

7. Die Gesellschaft

Der Kelte als Typus wird als dem Germanen ähnlich beschrieben. Die Menschen seien, so Ammianus Marcellinus (XV 12, 1), hochgewachsen, hellhäutig und rotblond (*candidi, rutili*), von wildem Aussehen, streitsüchtig und aufbrausend. Isidor von Sevilla (Etymologiae XIV 4, 25) leitete den Namen Gallien von griechisch *gala* – Milch ab, weil die Bewohner eine milchweiße Haut hätten. Die Sonne käme nämlich mit ihren bräunenden Strahlen nicht so recht über die Pyrenäen und die Alpen. Die Kelten ließen sich Schnurrbärte wachsen, schmierten sich Fett in die ungeschnittenen Haare, daß sie „wie Satyrn" aussahen, und färbten sie rot. Das Mittel dazu nannten sie *sapo*, wovon unser Wort „Seife" stammt. Die literarisch bezeugte Sitte des Haarefärbens hat sich an Grabfunden Britanniens archäologisch bestätigt. Kriegsbemalung oder Tätowierung ist bezeugt für die dortigen *Siluri* und *Picti* (nach lateinischer Volksetymologie abgeleitet von *pingo* – „malen").

Die keltische Gesellschaft zeigt die gemeinantike Struktur: eine vertikale Gliederung in Familien und Gefolgschaften und eine dreiteilige horizontale Schichtung in Adel, Volk und Knechte. In der Familie herrschte, wie bei den antiken Völkern allgemein, strenges Patriarchat: Die Männer hatten nach dem Zeugnis Caesars (VI 19) die volle Gewalt über Leben und Tod von Frauen und Kindern, *vitae necisque potestatem*. Wenn ein vornehmer Mann starb und Mordverdacht bestand, konnten Frauen wie Knechte gefoltert werden. Kurz vor seiner Zeit, schreibt Caesar weiter, sei es üblich gewesen, die jeweils besonders geschätzten Knechte und Hörigen auf dem Scheiterhaufen des Herrn mit zu verbrennen. Aus aufgedeckten Gräbern, so dem Hohmichele bei der Heuneburg und dem Tumulus bei Hochdorf, wissen wir, daß vornehmen Toten weitere zu dessen Ehren Getötete beigesellt wurden, ja daß auch Frauen zuweilen mit sterben mußten.

Im allgemeinen war, wie in Europa allenthalben, Einehe gebräuchlich. Mehrere rechtmäßige Frauen kommen nur im

Adel vor, der bisweilen nach politischen Gesichtspunkten heiratete, auch über die Stammesgrenzen hinweg. Die heiratende Frau wurde dadurch gesichert, daß der Mann einen Betrag in der Höhe ihrer Mitgift mit dieser zusammen auf Zinsen anlegen, das heißt wohl: Ländereien verpachten mußte, die dem überlebenden Teil dann zufielen. Strabon (IV 4, 3) und Livius (XXXVIII 16, 13) rühmen den Kinderreichtum der Gallier, Justin (XXV 2, 8) bezeugt den der Galater. Ähnliches bescheinigt Tacitus (Germania 19) den gleichzeitigen Germanen und verrät damit die sozialkritische Sicht des römischen Städters.

Die Stellung der Frau in der keltischen Gesellschaft unterscheidet sich von der bei den gleichzeitigen Römern und Germanen auf paradoxe Weise. Einerseits gab es noch den Witwenmord am Gattengrab, wurden der Siegesgöttin Andate Frauen in Formen geopfert, die an Bestialität alles übertrafen, was wir an antiken Opferbräuchen kennen, so daß sich mir die Feder sträubt, den Bericht von Cassius Dio (LXII 7) wiederzugeben. Andererseits besaßen die Frauen trotz des häuslichen Patriarchats Vorrechte in dreierlei Hinsicht. Es ist zum ersten die sowohl in den historischen als auch in den mythischen Texten belegte Möglichkeit der weiblichen Herrschaftsfolge bei Töchtern und Witwen von Fürsten. Die ungemein prächtigen Frauengräber der Hallstattzeit, so das von Waldalgesheim, bestätigen dies aus archäologischer Sicht. Das Wagengrab von Vix gehört, trotz den für eine Frau ungewöhnlichen Beigaben, vermutlich einer Dame. Frauengräber sind überhaupt im Schnitt reicher ausgestattet als Männergräber.

Hinzu kommt zweitens, zumal bei den Inselkelten, eine Reihe mutterrechtlicher Züge. Dazu zählt, daß Männer mitunter nicht den Namen ihres Vaters, sondern den ihrer Mutter angeben. Beispiele dafür kennen wir aus dem mittelalterlichen Irland. In denselben Zusammenhang gehört die Rückführung einer Familie auf eine Ahnfrau statt auf einen Ahnherrn, bezeugt durch die im 14. Jahrhundert aufgezeichnete Sage von der schönen Melusine, von der sich die Grafen von Poitiers herleiteten. Die matrilineare Verwandtschaftsbezeichnung wird als vorkeltisches Erbe gedeutet, ebenso die Frauenherrschaft (*gynaikokratia*) der Kantabrer im keltischen Spanien. Die mutterrechtliche Sippe in Irland heißt *Clan*, und dieser goidelische Ausdruck ist in die neuere Völkerkunde als Typenbegriff übernommen worden. Die bei Cassius Dio (LXII 6, 3) erwähnte Männer-, Weiber- und Kindergemeinschaft in Britannien verquickt das Wissen um die freiere Stellung der Keltenfrau mit dem nach Platons Staatsideal verklärten „edlen Wilden". Strabon (III 3, 7) erwähnt einen Keltenstamm, bei dem Männer und Frauen gemeinsam tanzen, indem sie sich an den Händen halten, was bei Mittelmeervölkern ungebräuchlich war. Er wundert sich, daß die Stellung der Geschlechter „anders herum ist als bei uns" (IV 4, 3).

Wenn Fürsten Frauen ihrer Familie gemäß dynastischen Interessen verheiraten, wie Caesar (I 18) berichtet, entspricht das antiker Sitte. Überraschend aber ist die ebenfalls bezeugte Freiheit von Frauen in der Gattenwahl. Im Hinterland von Marseille soll es Brauch gewesen sein, daß ein Fürst, der seine Tochter verheiraten wollte, die Freier zu einem Fest lud, bei dem das Mädchen dem von ihr Erwählten ein Gefäß mit Wasser reichte.

Dem Prinzip der Damenwahl entspricht die Freizügigkeit, mit der die Frauen ihre Gunst verschenkten, ohne die in Griechenland und Rom dafür geforderte Heimlichkeit zu wahren. Diodor (V 32, 7) vermerkt dies mit Verwunderung, zumal ein Mann einen solchen Wunsch nicht abschlagen dürfe. Die weibliche Offenheit in Liebesdingen betonte nach Cassius Dio (LXXVI 16, 5) noch eine caledonische Fürstin gegenüber der Kaiserin Julia Domna ums Jahr 210 n. Chr. Das durch die Ehe ungeschmälerte Recht der Frau auf ihren Körper wird durch die gälischen Sagen des Mittelalters bestätigt, in denen verheiratete Fürstinnen Männern für bestimmte Dienste ungeniert die „Lust ihrer Schenkel" anbieten, ohne daß der Erzähler dies anstößig findet. Daraus resultierende Vaterschaftsprobleme stehen hinter der Sitte, die uns ein spätgriechisches Epigramm aus der „Anthologia Graeca" (IX 125) verrät: Der Vater legt das Neugeborene in seinen Schild und läßt es auf dem Rhein schwimmen. Geht es unter, so war es ein Bastard.

Um das Bild abzurunden, sei erwähnt, daß den keltischen Frauen bisweilen amazonen- beziehungsweise walkürenhaftes Verhalten nachgesagt wurde. Diodor (V 32, 1) stellt die Keltinnen an Mut und Kraft ihren Männern zur Seite. Ammianus Marcellinus (XV 12, 1) erzählt, daß die Gallierinnen ihre Männer zu verprügeln pflegten. Den Fußtritten und Faustschlägen der riesigen, blauäugigen Keltenweiber sei kein Mann gewachsen. In Notlagen beteiligten sich die Frauen so wie die Germaninnen am Kampf. Im irischen Mythos sind kämpfende Frauen ebensowenig ungewöhnlich wie trinkende Frauen. Sie beteiligten sich am Gelage, wie das Trinkgeschirr im Grabe der Herrin von Vix erwarten läßt. Medb, der Name der Heldin in der irischen Nationalsage (s. u.), bedeutet: „Die von Met Trunkene". Da die Keltenmänner Schmuck trugen, verwischt sich die in den antiken Gesellschaften sonst so strenge Unterscheidung zwischen den Geschlechtern.

Singulär in der Alten Welt ist die von Plutarch (Moralia 246 C) überlieferte Nachricht von politischen Rechten bei Frauen. In Gallien sollen sie Mitsprache bei Zwistigkeiten mit Verbündeten, ja sogar bei der Entscheidung über Krieg und Frieden gehabt haben. Vor der Auswanderung nach Italien hätten die Frauen einen drohenden Bürgerkrieg verhindert und dafür dieses Recht erhalten. Es sei im Vertrag mit Hannibal eigens festgehalten gewesen, daß bei Klagen der Karthager gegen die Kelten deren Frauen richten sollten. Die Keltenfrauen werden als schön bezeichnet. Caesar jedenfalls schätzte sie, wie Sueton (51) vermerkt. Trotzdem übten die Männer, wie Diodor (V 32) bezeugt, die von Römern, Karthagern und Germanen verpönte Knabenliebe. Gemäß den antiken Autoren hatten sie dies wie die Perser (Herodot I 135) von den Griechen gelernt.

Tapfere Taten werden von zwei galatischen Fürstinnen berichtet. Polybios überliefert, Chiomara, die Frau des 189 v. Chr. besiegten Galaterkönigs Ortiagon (s. o.), sei in römische Gefangenschaft geraten und von einem Centurio vergewaltigt worden. Anschließend habe er ihr versprochen, sie für eine hohe Summe heimlich freizugeben. Bei der nächtlichen Übergabe des Goldes sei es der Frau gelungen, den Römer zu töten und mit dessen Kopf zu ihrem geflohenen Gatten zurückzukehren. Ebenso heroisch, allerdings tragisch, ist die von Plutarch (Moralia 257 F) berichtete Geschichte der Kamma. Aus Liebe zu ihr tötete der Fürst Sinorix ihren Mann, den Tetrarchen Sinatos. Nach langem Zögern gab Kamma dem Fremden nach, lud ihn in den Artemis-Tempel ein, deren Priesterin sie war, und bot ihm einen vergifteten Weihetrank, nachdem sie vorgekostet hatte. Um den Nebenbuhler und Mörder ihres Mannes zu töten, opferte sie ihr Leben.

Das Bild, das Caesar von den sozialen Verhältnissen der Gallier entwirft, ist geprägt durch die Zweiteilung in Adel (*nobiles, senatus, potentiores, boni, principes*) und Volk (*populus, plebs*). Der gallische Kriegeradel erscheint als eine Schicht von Grundherren, die sich durch Abstammung, Reichtum und große Scharen von Hintersassen auszeichneten. Caesar (II 28) überliefert für die Nervier in Belgien ein Zahlenverhältnis von 600 Adligen (*senatores*) zu 60000 Kriegern. Im Kampf mit den Römern erscheinen sie als Reiter, Caesar nennt sie darum *equites*. Die Reiterei bestand aber keineswegs nur aus Adligen, denn die Häduer etwa konnten Caesar 4000 Reiter stellen. Im Kriege erlitt der Adel prozentual überdurchschnittliche Verluste; bei den Nerviern fiel im Kampf gegen Caesar (II 28) nahezu der gesamte Stammesadel. Daß ein einzelner an der Spitze des Volkes ohne Zustimmung des Adels Krieg führen könnte, schien Caesar (VIII 22) undenkbar.

Ein Teil des freien Volkes war – wiederum wie bei den Germanen – in Gefolgschaften der Adligen gegliedert. Polybios (II 17, 12) notiert: Auf Gefolgschaften (*hetaireiai*) legen die Kelten größten Wert, denn derjenige ist am meisten geehrt wie gefürchtet, der die zahlreichsten Gefährten um sich versammeln kann. Archäologische Zeugnisse bestätigen diese Sitte, so die Burgmannenhäuser am Rande eines Oppidums oder die Nachbestattungen in Fürstengrabhügeln. In dem vom Magdalenenberg bei Villingen wurden 126 spätere Bettungen gefunden, doch gab es ursprünglich wohl wesentlich mehr. Der keltische Ausdruck für den Gefolgsmann lautet *ambactus*, es ist derjenige, der „um einen anderen herum ist". Von dem keltischen *ambactus* stammt unser deutsches Wort „Amt". Caesar übersetzt *ambactus* mit *cliens*, Höriger. Ebenfalls keltischen Ursprungs ist das spätlateinische *vassus* – Gefolgsmann, das dem Begriff der Vasallität zugrunde liegt, sowie das Wort *felonia*, das die Treulosigkeit des Vasallen gegen den Lehnsherrn bezeichnet. Das Verhältnis von Herr und Mann bestand aus einer zweiseitigen Verpflichtung. Der Herr mußte dem, der sich seinem Dienst weihte, ein Geschenk machen; von einzelnen Keltenfürsten meldet Strabon (IV 2, 3), daß sie Gold und Silber vom fahrenden Wagen herunter verteilten.

Wie bei den frühen Griechen und Germanen gehört bei den Kelten das Gelage zu den konstitutiven Elementen der Gesellschaft. Von großen Herren heißt es, wiederum bei Strabon (l.c.), daß sie tagelang öffentliche Gastmähler gaben. Die abermals an die Germanen erinnernde Trunksucht der Kelten ist gut bezeugt. Ein reicher Galater soll nach Athenaios (150 D) einmal seine Stammesgenossen ein ganzes Jahr lang bewirtet haben. Die Kelten pflegten beim Essen nicht zu liegen, sondern zu sitzen, und zwar auf Bänken rundum an den Wänden, so Strabon (III 3, 7), oder – wie später in der Artus-Sage – an runden Tischen. Damit ist nicht etwa eine demokratische Gleichheit symbolisiert, denn der Tisch hatte die Form eines offenen Rings, und der durch Kriegsruhm, Abstammung oder Reichtum Angesehenste und Mächtigste saß „wie ein Chordirigent" in der Mitte, der Öffnung, durch welche der Wildschweinbraten aufgetragen wurde, gegenüber, der Ehrengast an seiner Seite, und die anderen ihrem Rang entsprechend, so Athenaios (152 B).

Man trank griechischen Wein oder selbstgebrauten Honigmet. Honigreste sind in vielen Kesseln aus Grabfunden entdeckt worden. Noch Kaiser Julian, der 355 bis 361 in Gallien weilte, spottete in einem Epigramm über das Bier. Sein Geschichtsschreiber Ammianus Marcellinus (XV 12, 4) berichtet, man trinke in Gallien viel, aber arbeite auch emsig und halte sich sauber. Eindruck haben auf Ammian die großsprecherischen Reden der Gallier gemacht, die leicht in Schlägereien ausarteten. Einzelne Kelten besaßen, wie wir bei Athenaios (252 D) lesen, Tafelnarren als Spaßmacher in der Art der griechischen Parasiten. Die keltische Gastfreundschaft war berühmt; wer einen Fremden töte, heißt es, werde hingerichtet, wer einen Einheimischen töte, verbannt. Poseidonios (Athenaios 154 C) überliefert eine merkwürdige Trinksitte: Der Herr verteilt sein Geld und seinen Wein ans Gefolge, legt sich auf seinen Schild und läßt sich dann die Kehle durchschneiden. Damit wollte man sich die Leute über das Leben hinaus zum Dienst im Jenseits verpflichten.

Archäologisch dokumentieren sich die Trinksitten der Kelten in den Grabfunden. Während das prunkvollste erhaltene Trinkservice, das von Vix, griechisch geprägt ist (s.o.), trägt das von Hochdorf genuin keltischen Charakter. Gefunden wurden neun Trinkhörner: eines aus Eisen, 123 cm lang und 5,5 Liter fassend, acht aus s-förmig geschwungenen Hornscheiden von Auerochsen, alle verziert mit goldenen Mündungsblechen. Da der letzte Auerochse in Europa 1627 in einem polnischen Tiergarten verendet ist, war die Identifizierung der Hörner schwierig. Ihre Länge beträgt 65 bis 80 cm. Sie hingen an der Wand der Grabkammer. Ein griechischer Bronzekessel, 80 cm hoch und 104 cm weit für 500 Liter, war bei der Schließung des Grabes zu drei Vierteln mit Met gefüllt, zu dem 150 kg im Spätsommer geschleuderten Honigs verwendet worden waren, wie die Pollenanalyse ergab. Der Kessel – seine keltische Bezeichnung lautet *bascauda*, davon kommt englisch *basket* – ist aus einem einzigen Stück Metall getrieben und trägt am Hals drei Protome in Gestalt liegender Löwen von 34 cm Länge. Einer hat einen Kern von Blei aus Laurion in Attika, ein anderer ist eine keltische Nachbildung der zwei anderen, die um 540 v. Chr. in einer griechischen Werkstatt Unteritaliens gegossen wurden. Zwischen den Löwen sind große Henkel in verzierten Attaschen in Walzenform angebracht. Eine Goldschale in der Form einer flachen Halbkugel von 13,4 cm Durchmesser war wohl zum Schöpfen oder für das Trankopfer gedacht.

Das Grab von Hochdorf enthielt weiterhin, gestapelt auf dem Wagen, ein Eßgeschirr: neun Bronzeteller, drei größere zweihenkelige Bronzeschüsseln für die Bohnen und den Braten, eine Axt zum Schlachten und ein Fleischmesser. Bratspieß und Feuerböcke, wie sie aus anderen Hallstattgräbern bekannt sind, fehlen in Hochdorf. Kostbares Tischgerät war zu allen Zeiten ein Teil der fürstlichen Repräsentation, das zeigt sich auch im Tafelgeschirr des spätgriechischen Adels, der Senatoren und der hohen römischen Offiziere, denken wir an den Hildesheimer Silberfund.

Zur Tischkultur der Kelten gehörten die sogenannten „Barden". Dieses im 16. Jahrhundert aus dem Französischen ins Deutsche übernommene keltische Wort bezeichnet den Dichter-Sänger, der bei den Gelagen der Gallier wie der Keltiberer die Gäste mit Heldengesängen unterhielt und das Lob des Königs und seiner Vorfahren sang. Eine der seltenen Steinskulpturen, gefunden in Saint-Symphorien-Paule (Côtes d'Armor), zeigt einen solchen Sänger mit Harfe. Die Statuette stammt aus dem 1. Jahrhundert v. Chr. und befindet sich im Museum von Saint Brieul (s. Abb. 8). Das Bardenwesen war in archaischen Gesellschaften verbreitet, so bei den Germanen und bei den Hunnen. Jene besangen Arminius, wie Tacitus (Annalen II 88) bezeugt, diese Attila, wie uns Priskos (Fragment 13) überliefert. Der Sänger erfreut die Kriegergesellschaft schon bei Homer in der Odyssee (VIII 471 ff.), wie der blinde Demodokos am Hofe des Phäakenkönigs Alkinoos lehrt. Diodor (V 21, 5) vergleicht die keltischen Lebensformen überhaupt mit Homers Zeit. Der Bericht Diodors (II 47) über die in Britannien gedachten mythischen Hyperboreer zeigt eine keltische Reminiszenz darin, daß die Angehörigen dieses Volkes die Kithara spielten und die Taten Apollons besängen.

Die irische Sagentradition kennt den fahrenden Sänger, der gleichfalls oft blind ist, so Ossian bei Macpherson (s. u.). Er begleitet sein Lied auf der Harfe, dem ranghöchsten unter den Musikinstrumenten. Aus gutem Grunde ziert sie das Wappen des Freistaates Irland. Irische Harfner waren im 12. Jahrhundert in ganz Europa angesehen, sie bildeten einen erblichen Stand. Man bewirtete und beschenkte sie, gab ihnen Pferde, Rinder, auch Sklavinnen. Wie die Druiden wurden die Barden

Abb. 8: Statuette eines Barden mit Harfe aus Saint-Symphorien-Paule (Côtes d'Armor), Museum Saint Brieuc. 1. Jahrhundert v. Chr.

mündlich unterwiesen. Es gab Dichterschulen, die sechs bis sieben Jahre lang besucht werden mußten, wo die Zöglinge in fensterlosen Räumen Tag und Nacht ihr Gedächtnis üben mußten. Die Barden konnten, wie die mittelalterliche Tradition Irlands zeigt, auch Spott- und Schmählieder auf die Feinde ihres Gastgebers singen, die jenen die Ehre raubten. Eine Drohung damit kam einer Erpressung gleich. Ein anderes Mittel, seelischen Druck auszuüben, bestand darin, „gegen jemanden zu fasten". Der Hungerstreik scheint demnach (ebenso wie der Boykott, benannt nach dem Landlord gleichen Namens) eine irische Erfindung.

Außer den Geschenken mußte der Herr seinen Gefolgsleuten Schutz gewähren. Caesar fand darin sogar den Sinn dieser alten Einrichtung: Ein Herr, der seinen Leuten keinen Schutz biete, besitze bei diesen keine Autorität. Die Gegenleistung des Dienstmannes bestand in Treue. Das Recht auf Schutz enthält stets die Pflicht zum Gehorsam. Wir hören von einer religiösen Verpflichtung, den Tod des Herrn nicht zu überleben, so die 600 *soldurii* („Verschworenen"), die Leibwache des Königs der keltischen Sontiaten in Aquitanien, oder die keltiberische Schutztruppe des 83 bis 72 v. Chr. in Spanien agierenden römischen Rebellen Sertorius, von der Strabon (III 4, 18) spricht. Eine typologische Vorstufe dieser auch bei den Germanen bekannten Verpflichtung bezeugt Strabon (XVII 2, 3) für Äthiopien: Wird der König verletzt, so erleidet das Gefolge dieselbe Verletzung oder stirbt mit ihm.

Neben der militärischen Gefolgschaft begegnet bei den Kelten auch die Hörigkeit, die ökonomische Wurzeln hat. Caesar berichtet, daß viele Kelten, die ihre Schulden nicht bezahlen konnten oder sich überhaupt unterdrückt fühlten, sich in den Schutz einzelner Adliger begäben. Diese Hörigen würden ähnlich gehalten wie die Sklaven in Rom. Sie seien von der politischen Mitsprache ausgeschlossen und unterstünden der Hausgewalt ihres Herrn. Welche Macht das Gefolge eines solchen Adligen im eigenen Stamm darstellen konnte, lehrt das Vorspiel zum Auszug der Helvetier im Jahre 58 v. Chr. Als der an Adel und Reichtum erste Mann dieses Stammes, Orgetorix, von seinen Standesgenossen verdächtigt wurde, das Königtum anzustreben, brachte er auf die angesetzte Gerichtsversammlung seine gesamte Anhängerschaft mit. Sie umfaßte nach Caesar (I 4) über 10000 Mann, und daher war ein ordentliches Verfahren gegen ihn undurchführbar.

Die Kelten waren als Krieger gefürchtet: ein gesetzloses, kriegerisches Geschlecht, so schon Platon (Gesetze 637 D), auffallend hochwüchsig. Darum schätzte man in Rom keltische Sklaven als Sänftenträger. Livius (X 28, 3f.) und Cassius Dio (XII 50, 2f.) kennzeichnen die Keltenkrieger als ungestüm und zäh, aber ohne Ausdauer und rasch verzweifelnd, sobald es rückwärts gehe, aus einem Extrem ins andere fallend. Zwei Dinge liebten sie: den Krieg und den Alkohol.

Das Bild hielt sich bis in die Spätantike: Anders als in Italien, schreibt Ammian (XV 12,3), würden Wehrdienstverweigerer verachtet. Wer sich deswegen den Daumen abschneide, werde mit dem keltischen Schimpfwort *murcus* – Feigling belegt. Den kriegerischen Charakter der Gallier bestätigen noch spätantike Münzen zu Ehren des gallischen Heeres mit der Aufschrift VIRTUS EXERCITUS GALL(ICI). Die Kelten trugen große Schilde, Speere und lange Schwerter. Das keltiberische Kurzschwert, das zum Hauen und Stechen (*caesim et punctim*) verwendbar war, wurde von den Römern samt dem Wort dafür (*gladius*) übernommen. Die Insubrer und Boier kämpften in langen Lederhosen und leichtem Mantel. Helme wurden beim gewöhnlichen Krieger erst spät üblich; Panzer kennen wir von bildlichen Darstellungen, so als Statuszeichen beim Fürsten vom Glauberg. Schleuder, Pfeil und Bogen wurden von den Kelten in der Antike nur ausnahmsweise angewandt; sie waren, wie bei den frühen Germanen, nur auf der Jagd üblich. Wenn Jagdwaffen allein in Fürstengräbern vorkommen, so läßt das vermuten, daß die Jagd ein Herrenrecht war. Schußwaffen galten als unritterlich; eine Auffassung, die uns auch im archaischen Griechentum begegnet: Strabon (X 1, 12) las eine Inschrift im Tempel der Artemis Amarynthia auf Euböa mit einer Selbstverpflichtung der Dedikanten, auf Schuß und Wurf im Kampf zu verzichten.

Seit der Hallstattzeit benutzten die Kelten im Kampf den aus dem Orient stammenden, von Griechen und Römern nur als Renn- oder Triumphwagen genutzten, einachsigen, zweibespannten Streitwagen (lateinisch *biga,* keltisch *essedum*). Er war jeweils mit einem Kämpfer und einem Lenker besetzt. Oft wurde er dem toten Herrn mit ins Grab gegeben, zweihundert Beispiele sind bekannt. Auf dem Festland haben Keltenkrieger Wagen zuletzt in der Schlacht bei Telamon 225 v. Chr. eingesetzt, in Britannien noch um 200 n. Chr. In Irland hielt sich die Erinnerung bis in die mittelalterliche Sagentradition. Die Helden der „Tain bo Cuailnge" fahren auf der Biga in den Kampf. Ähnlich wie die Germanen eröffneten die Kelten die Schlacht mit Gebrüll, so Appian (VI 67), unterstützt von Kriegshörnern (*karnyx*), die Schrecken einflößen sollten und nicht, wie bei den Römern, für taktische Signale verwendet wurden.

Als Seefahrer treten die antiken Kelten militärisch kaum in Erscheinung. Zweimal hören wir von Seeschlachten. Die erste verdient den Namen: Als Caesar 56 v. Chr. Britannien erobern wollte, erhoben sich die gallischen Veneter nördlich der Loiremündung. Caesar (III 8; 12) nennt sie: sehr bewandert in der Seefahrt. Sie brachten 220 Schiffe zusammen, die als hoch, groß und stabil beschrieben werden, aber, mit Ledersegeln bestückt, langsam und plump waren. Caesar beförderte Decimus Brutus, einen seiner späteren Mörder, zum Admiral der nach Dio (XXXIX 40, 5) aus dem Mittelmeer, nach Caesar (III 11) auch von den benachbarten Küstenstämmen gestellten kleineren, aber wendigen Kriegsschiffe, die vornehmlich durch ihre Fernwaffen den Sieg davontrugen. Den anderen „Seesieg" errang Tiberius 15 v. Chr. auf dem Bodensee über die Vindeliker, wie Strabon (VII 1, 5) bemerkt.

Als einziges Volk der Antike zogen die Kelten kostbar geschmückt in den Kampf. Zur Herausforderung des Gegners trugen sie, wie Diodor (V 25 ff.) mitteilt, Ketten, Spangen, ja ganze Panzer aus Gold. Sie zierten Hals und Arme mit goldenen Wendelringen (*torques*), deren offene Enden in Tierköpfe ausliefen. Wir besitzen einige außerordentlich prunkvolle

Abb. 9: Halsring (Torques) und Armring, Gold. Reinheim, Saarland.
Museum Saarbrücken.

Exemplare. Ein besonders kostbares Stück, gefertigt um 50 v. Chr., stammt aus Snettisham und liegt im Britischen Museum, ein anderes aus Reinheim im Saarland, heute im Museum Saarbrücken (s. Abb. 9). Bei Erstfeld südlich des Vierwaldstätter Sees fand sich ein Depot von drei Arm- und vier Halsringen aus Gold von bezaubernder Schönheit, heute im Landesmuseum Zürich.

Über die Funktion dieser Prunkstücke unterrichten uns die antiken Autoren. Livius (VII 9f.) berichtet von dem Zweikampf des Titus Manlius mit einem riesigen Gallier, der ihm die Zunge herausgestreckt hatte, wobei der Römer den gedrehten Halsring (torques) des Gegners erbeutete und seitdem den später erblichen Beinamen Torquatus trug. Polybios (II 29; 31) meldet, daß in der Schlacht bei Telamon 225 v. Chr. die erste Kriegerreihe goldene Hals- und Armringe trug, die von den siegreichen Römern dann dem Juppiter Capitolinus geweiht wurden. Übergroße Stücke aus dem archäologischen Fundgut waren vermutlich von Anbeginn Weihegaben oder Schmuck für hölzerne Statuen.

Wendelringe zierten im spätrömischen Heere Galliens die Drachenträger und erscheinen noch im 6. Jahrhundert n. Chr.

auf dem Mosaik von San Vitale in Ravenna bei den vermutlich germanischen Leibwächtern Justinians. Der Torques diente als Rangsymbol und als Auszeichnung. Als bei der Proklamation Julians 360 n. Chr. in Paris kein Diadem zur Verfügung stand, wurde ihm, wie Ammian (XX 4, 18) bezeugt, ein keltischer Halsring aufgesetzt. Diese Sitte bürgerte sich rasch ein und führte dazu, daß die bei Griechen und Römern zuvor unübliche Krönung mit dem Diadem anstelle der Investitur mit dem Purpurmantel zur entscheidenden Handlung bei der Herrschaftsübernahme wurde.

Keltenbrauch weist in mancherlei Hinsicht auf das Mittelalter voraus. Die Schilde der Krieger trugen Wappentiere, die Helme waren besetzt mit Stierhörnern, Eberköpfen oder Vögeln, vermutlich Raben oder Raubvögeln, wie uns aus Diodor (V 30) und archäologischen Zeugnissen bekannt ist. Der Fürst vom Glauberg trägt eine herzförmige „Blattkrone", die aussieht wie ein Helm mit übergroßen Ohren (s. Abb. 2). Die auf römischen Siegesdenkmälern, so dem Ehrenbogen von Orange dargestellten keltischen Feldzeichen wurden durch Pferde oder (immer wieder) Eber gekrönt, Caesar (VII 88) erbeutete auf Alesia deren vierundsiebzig. In Friedenszeiten standen sie in den heiligen Hainen.

Eigentümliche Keltensitte ist die heroische Nacktheit der Vorkämpfer. Wenn der keltische Krieger bei griechischen Autoren *gymnos*, bei lateinischen *nudus* heißt, kann das durchaus bedeuten, daß er dennoch seine üblichen langen Hosen getragen hat, so die Galater im zweiten Jahrhundert v. Chr. und die Pikten im zweiten Jahrhundert n. Chr. Hannibals keltische Hilfstruppen entblößten nach Livius (XXII 46, 6) den Oberkörper. Die als Berufskrieger gefürchteten Gäsaten (Speerleute) trugen im Kampf gemäß Polybios (II 28, 8) gar keine Kleider, nur ihre Waffen, so daß auch Galater so völlig nackt gekämpft haben könnten, wie die griechischen Kunstwerke sie zeigen. Damit hatten sie gegen eine gepanzerte Phalanx keine Chance, sofern nicht der erste Anprall den Gegner warf. Anders als Griechen und Römer schätzten sie bei der Eröffnung der Schlacht Vorkämpfer vom Typus David und Goliath. Man schaute ihnen zu, ehe das Handgemenge begann. Der Trotz keltischer Kämpfer beeindruckte den antiken Beobachter. Strabon (III 4, 18) erzählt von kriegsgefangenen Kantabrern, die, unbeugsam wie sie waren, noch am Kreuze hängend ihr Siegeslied gesungen hätten.

8. Das Stammeswesen

Die politische Landschaft der keltischen Welt wird – wie die der germanischen – bestimmt durch eine Vielzahl von Stämmen. Die griechischen Autoren nennen sie *ethnê* oder *phylai*, die lateinischen *civitates*, *gentes* oder *populi*. In Spanien finden wir vier Stämme, in Irland fünf, im kleinasiatischen Galatien sechs, in Oberitalien acht, in Gallien zu Caesars Zeiten sogar 50 bis 75. Tacitus (Annalen III 44) nennt die Zahl 64. Die größten Stämme umfaßten 200 000 Männer, die kleineren 50 000. Jeder Stamm war zunächst eine Lebensgemeinschaft mit besonderem Namen, eigenen Kulten und Traditionen. Er bewohnte eine Siedlungskammer, eine Ebene oder mehrere zusammenhängende Täler und war vom nächsten Stamm durch natürliche Grenzen getrennt. Künstliche Stammesgrenzen wie die von Caesar (IV 3; 23) für die Germanen bezeugten Ödlandstreifen werden für die Kelten nicht vermeldet.

Große Stämme zerfielen in Gaue (*pagus*, *tribus*). Die Verhältnisse aber waren oft unklar oder wechselhaft. Plinius (V 146) teilt die Galater in 6 *gentes* und 195 *populi ac tetrarchiae*, die Boier Italiens in 112 *tribus* (III 116). Strabon (XII 5, 1) dagegen spricht von drei galatischen Stämmen, von denen jeder in vier Tetrarchien geteilt sei. Die Helvetier hatten nach Caesar (I 12) vier *pagi*. Unterstämme waren jeweils durch Beinamen gekennzeichnet (Typ: *Volcae Arecomici*, *Volcae Tectosages*) und verwandelten sich durch Handeln auf eigene Faust in selbständige Stämme, so die Insubrer, ursprünglich ein Gau der Häduer, später aber eigenständig. Auch das Umgekehrte kommt vor, indem ein früher selbständiger Stamm an Bedeutung verliert und später als Gau eines größeren Stammes erscheint, so die Tiguriner, in der Zeit des Marius ein eigener, kriegführender Stamm, in der Zeit Caesars (I 12) bloß noch ein Gau der Helvetier. Mitunter regierte ein König auch nur einen halben Stamm (VI 31).

Das unklare Verhältnis zwischen Stamm und Gau beruht darauf, daß der Volksbegriff in der Antike mehrschichtig, der

Volksname mehrdeutig sein konnte. Schon Caesar verwendet den Namen „Gallien" einerseits im weiteren Sinne unter Einschluß von Aquitanien und Belgien, andererseits im engeren Sinne als Gegensatz dazu, so daß die Stämme im mittleren Gallien als die eigentlichen, die reinen Gallier erscheinen. Die aquitanischen und belgischen Gallier zerfallen dann nochmals in eigene Stämme, wobei die ersteren iberisch, die anderen germanisch beeinflußt waren. In diesem Sinne besitzen auch die Keltiberer eigene Stammesgruppen innerhalb der keltischen Welt. Diese Großstämme werden teils mit geographischen Namen bezeichnet (Aquitania, Britannia), teils nach dem vorherrschenden Einzelstamm (Belgae), teils nach einer Variante des Volksnamens (Galatai). Eine derartige Mehrschichtigkeit kennen wir ebenso von den Germanen, wo die Sweben als eine ihrer Untereinheiten zur Zeit des Tacitus, die Alamannen und Franken zur Zeit Ammians derartige Stammesverbände mit eigenen Teilstämmen bilden. Gelingt es einem von diesen, die Vorherrschaft zu erringen, sinken die anderen zu Gauen herab. Vielfach haben sich Stämme geteilt oder Ableger gebildet, bisweilen infolge eines Bürgerkrieges oder durch Abwanderung, aber ihre Stammesverwandtschaft im Namen bewahrt. Dieselben Stammesnamen begegnen beispielsweise in Südfrankreich, Mitteldeutschland und Kleinasien (Volcae Tectosages), andere gleichzeitig in Gallien, Osteuropa und Italien (Lingonen, Boier, Veneter). Zwei Keltenstämme Britanniens, die Atrebaten (um Hampshire) und *Parisii* (um Yorkshire) gibt es namensgleich ebenso in Gallien.

Diese Stämme waren zugleich politische Handlungseinheiten. Grundsätzlich scheint jeder Stamm souverän. Das lehren die zahlreichen Kriege der keltischen Stämme untereinander und die Bündnisse, die sie mit Nichtkelten, mit Germanen und Römern, auch gegen ihresgleichen, eingegangen sind. Caesar hätte Gallien niemals erobert, wenn nicht einige der wichtigsten Stämme aus Eifersucht auf ihre Nachbarn zu ihm gestanden hätten. Auch die Kelten in Britannien wehrten sich nicht gemeinsam gegen Rom. Mit der Methode *divide et impera* – die Formulierung selbst ist nachantik –, „entzweie den Gegner, dann beherrschst du ihn", erzielten die Römer ihre größten Erfolge in Griechenland, Nordafrika und Germanien.

Eine stammesübergreifende staatliche Einheit haben die Kelten nie gebildet, nirgends angestrebt, doch ist die vorübergehende Hegemonie eines Stammes, wie sie Livius (V 34) für die Biturigen in Gallien um 500 v. Chr. behauptet, denkbar. In der späteren Zeit lebten, wie Caesar (VI 11) und Strabon (IV 5, 2) berichten, die gallischen Stämme in dauernder Rivalität. Jeder versuchte, den schwächeren Nachbarn in die Abhängigkeit zu zwingen, ihm Land zu nehmen und Tribute aufzuerlegen. So umgaben sich die mächtigeren Stämme mit Klientelstämmen, deren Fügsamkeit durch Geiseln gesichert wurde, die Abgaben lieferten und Kriegsfolge leisteten. Die starken Stämme erstrebten eine Vorherrschaft über ganz Gallien, und weil dies nicht gelang, bildeten sich zwei Gruppen heraus, deren eine erst von den Arvernern, dann von den Sequanern geführt wurde, während die andere unter den Häduern stand. Der Hilferuf der Sequaner holte um 70 v. Chr. die Germanen unter Ariovist ins Land – dieser Swebenfürst trug einen keltischen Namen und hatte eine keltische Prinzessin aus Noricum zur Frau. Die Besorgnis der Häduer gegenüber den Helvetiern, die angeblich gerade selbst eine Hegemonie errichten wollten, lieferte Caesar den Vorwand zum Einmarsch (s. u.).

Trotz der politischen Eigenständigkeit aller Keltenstämme gab es momentane Zweckbündnisse über die Stammesgrenzen hinweg. Bei größeren Unternehmungen kam es – ähnlich wie bei den Germanen während der Völkerwanderung – zum Zusammenschluß von Angehörigen mehrerer Stämme unter zentraler Führung. Boudicca in Britannien führte 61 n. Chr. gegen die Legionen Roms ihre Icener, die Trinobanten und andere Stämme. Ambiorix in Belgien befehligte im Kampf gegen Caesar 54 v. Chr. Krieger aus vier Stämmen, der Suessione Galba gleichfalls in Belgien 57 v. Chr. Krieger aus sechzehn, Vercingetorix 52 v. Chr. solche aus fast allen Stämmen Galliens, wie Caesar (VII 4; 75) schreibt.

Über diese Kriegsbündnisse hinaus gibt es bei den Kelten Zeugnisse für ein ethnisches Einheitsbewußtsein. Es zeigt sich nicht nur im erwähnten Abstammungsmythos und dem Druidenkonvent, sondern beispielhaft auch in dem Zusammenhalt zwischen den südgallischen und den oberitalischen Kelten, wo der Appell an die Verwandtschaft gewirkt hat, zumal wenn er durch Geschenke unterstützt wurde. Ein ernsthafter Versuch, die Kelten wenigstens Galliens zusammenzuschließen, ist erst kurz vor dem endgültigen Sieg Caesars von Vercingetorix unternommen worden. Trotz der gegenüber allen Reden in antiken Geschichtswerken gebotenen Vorsicht gibt es keinen Grund zum Zweifel, wenn Caesar (VII 29, 6) seinem Gegner den Wunsch in den Mund legt: *(se) unum consilium totius Galliae effecturum, cuius consensui ne orbis quidem terrarum posset obsistere* – „er werde einen gemeinsamen Willen ganz Galliens schaffen, und auch die ganze Welt könne einem einmütigen Gallien nicht widerstehen." Der offensive Nachsatz freilich könnte von Caesar dazugesetzt sein, um die Gefährlichkeit der Gallier hervorzuheben. Der Einigungsversuch kam zu spät, wäre vermutlich auch nicht von Dauer gewesen, wie andere ephemere Staatsbildungen lehren, so die Königreiche des Dakers Burebistas († 44 v. Chr.) in Ungarn oder des Markomannen Marbod († 19 n. Chr.) in Böhmen.

9. Burgen und Städte

Im Unterschied zur mediterranen Stadtkultur herrschte in Mitteleuropa dörfliche Siedlung vor. Dies gilt auch für die Kelten, selbst in Oberitalien und Galatien. Seit dem 6. Jahrhundert kennen wir jedoch auch befestigte Siedlungen in Höhenlagen, die als Fürstensitze anzusprechen sind. Zu ihnen gehören in Burgund der Mont Lassois bei Châtillon an der Seine, in der Provence das Oppidum Entremont, in Schwaben die Heuneburg, in Hessen der Glauberg. Auch die kleinasiatischen Galater hatten Burgen: Cuballum, Magaba und Olympos, wo Ortiagon sich gegen die Römer verteidigte. Schon Hekataios und Herodot erwähnen keltische *poleis* (Nyrax und Pyrene), Caesar spricht mehrfach von *oppida*, d.h. kleineren, burgartigen Städten oder Fluchtburgen. Bei den Helvetiern nennt Caesar (I 5) 12 *oppida*, 400 Dörfer sowie außerhalb stehende *privata aedificia*, die vor der Auswanderung angezündet wurden. In Britannien sind 3000 *hillforts* gezählt worden, Musterbeispiele sind Maiden Castle (bei Dorchester), Danebury (Hampshire) und Cadbury Castle (County Somerset). Caesar (V 21, 2f.) beschreibt ein Oppidum in Britannien als Fluchtburg. Verglichen mit den wohlerforschten Gräbern sind die Wohnquartiere bisher archäologisch kaum erfaßt. Selbst die Untersuchungen auf der Heuneburg und in Manching, der Hauptstadt der Vindeliker bei Ingolstadt, haben nur wenige Häuser zutage gefördert, sie lassen einen Schachbrettgrundriß erahnen.

Im 2. Jahrhundert v. Chr. entstanden, ausgehend vom unteren Rhônetal, stadtähnliche Zentralorte von bemerkenswerter Größe (s. Abb. 10). Sie dienten als Mittelpunkte eines Stammesgebietes: Hauptstadt der Häduer war *Bibracte*, der *Parisii* die später nach diesen benannte Seine-Insel *Lutetia*, der Treverer das heutige Trier. Caesar spricht nicht nur von *oppida*, sondern ebenso von *urbes*, d.h. Städten des mediterranen *polis*-Typs (Alesia, Gergovia, Avaricum). Die keltischen Städte bevorzugten Höhenlage, doch gab es auch Städte in der Ebene, so Manching mit planmäßig angelegten Rechteckhäusern, 7 km

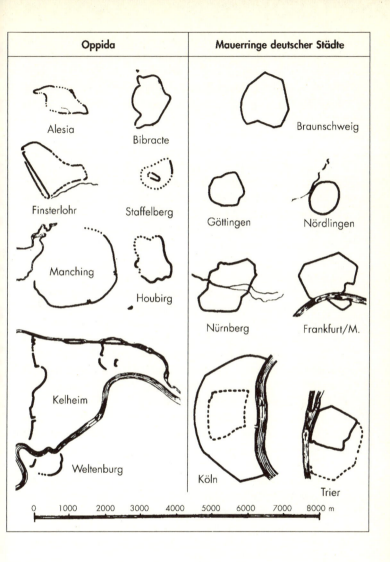

Abb. 10: Keltische Oppida und mittelalterliche Städte,
Karten im Vergleich.

langer kreisrunder Mauer und fünf- bis zehntausend Einwohnern. Die Befunde weisen auf Goldmünzenherstellung, Eisenverhüttung, Bronzeguß und Glasproduktion. Die Bergstädte sind in der römischen Zeit in die Täler verlegt worden. Das schwächte die Widerstandskraft und war verkehrstechnisch günstiger. Das keltische Stadtbild läßt südliche Einflüsse erkennen. Das archäologisch gut erforschte Bibracte besaß wie eine griechische oder römische Stadt ein Forum mit einem Tempel, Handwerkerhäuser entlang der Hauptstraße, ein Villenquartier und starke Befestigung. Die Keltenstädte unterscheiden sich von den mediterranen Städten nur architektonisch, insbesondere durch den mit Stroh oder Schindeln gedeckten Holzbau. Mobiliar fehlte, gemäß Polybios (II 17), der Besitz habe im wesentlichen aus Gold und Vieh bestanden.

Wie die Germanen, so hatten die Kelten kein Geschick mit dem Werkstoff Stein. Gemörtelte Mauern fehlen. Kennzeichnend ist die von Caesar (VII 23) beschriebene, archäologisch vielfältig nachgewiesene Technik des *murus Gallicus* (s. Abb. 11): Balken werden in regelmäßigem Abstand von zwei Fuß senkrecht zur Mauerrichtung nebeneinandergelegt, die Mauerfront wird mit Steinen verkleidet, und in die Zwischenräume kommt Erde. Bei einer Höhe von ebenfalls zwei Fuß wird eine zweite Lage darübergesetzt und so weiter. Bisweilen werden diese Querbalken noch durch Längsbalken zusammengehalten und mit Pfählen verstärkt. Stabil gegenüber dem Rammbock hatte diese holzverstärkte Trockenmauer den Nachteil, daß sie in Brand gesteckt werden konnte. Im Verfallsstadium verrottet das Holz, aus der Mauer wird ein Wall. Unsere Ringwälle, denken wir an den dreifach umringten Altkönig im Taunus mit einer maximalen Mauerdicke von 6,70 m oder an den Donnersberg in der Pfalz mit seiner Mauerlänge von über 8 km, waren einmal solche „gallische Mauern". Für die Mauern der „Goldgrube" im Taunus hat man 200 000 Tagewerke berechnet.

Ein Kuriosum keltischer Befestigungstechnik stellt die Ummauerung der Heuneburg im frühen 6. Jahrhundert v. Chr. dar. Ost- und Südmauer bestanden, 4 m hoch, 3 m dick und

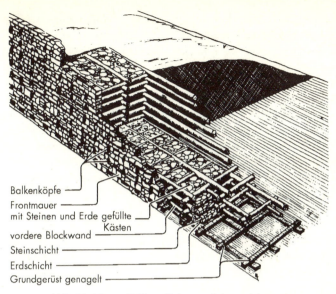

- Balkenköpfe
- Frontmauer
- mit Steinen und Erde gefüllte Kästen
- vordere Blockwand
- Steinschicht
- Erdschicht
- Grundgerüst genagelt

Abb. 11: *Murus Gallicus*, Rekonstruktionszeichnung.

500 m lang, aus quadratischen luftgetrockneten Ziegeln. Weder das Steinfundament noch eine Putzschicht konnten verhindern, daß nach einer längeren Feuchtigkeitsperiode die Mauer wegsackte wie ein Pudding. Die Technik und das Ziegelformat verweisen auf die Hafenmauer von Gela in Sizilien und lassen vermuten, daß ein reisiger Donaukelte die Bauart dort kennengelernt und mit nach Hause gebracht hat, wo sie dem Klima nicht standhalten konnte. Griechischem Beispiel entsprechen auch die fünfzehn vorkragenden rechteckigen Bastionen an der Westmauer, die der Heuneburg zwar ein martialisches Aussehen verliehen, aber viel zu dicht standen, um ein Schußfeld zu eröffnen, ja nicht einmal von oben herab verteidigt werden konnten, weil sie, wie Feuerstellen im Inneren beweisen, keine Dächer trugen.

Die Namengebung der Keltenstädte zeigt einheitliche Züge. Viele Stadtnamen enden auf *-acum* (*Antennacum* – Andernach; *Mogontiacum* – Mainz), andere sind mit dem Götternamen *Lug* – Merkur zusammengesetzt (*Lugdunum* – Lyon und Leiden) oder enthalten Wörter wie *briga* – „Berg" (*Brigetio* – Bregenz, *Brixia* – Brescia, *Segobriga* – Segorbe); *bona* – „Burg" (*Bonna* – Bonn, *Bononia* – Bologna und Boulogne, *Ratisbona* – Regensburg); *lanum* – „Feld" (*Mediolanum* – „Mittelfeld", so heißt außer Mailand ein Dutzend Orte); *magus* – „Ebene" (*Rigomagus*- Remagen; *Noviomagus* – Neumagen, *Borbetomagus* – Worms) oder *dunum* – „Festung" (*Campodunum* – Kempten, *Camulodunum* – Colchester, *Lugdunum* – Lyon), verwandt mit englisch *town*, deutsch „Zaun". Damit hängt ebenso der hessische „Dünsberg" zusammen sowie der „Taunus" mit seinen 25 Ringwällen, darunter Altkönig und Goldgrube.

Die Kelten haben das Städtewesen nördlich der Alpen begründet. Viele noch heute bestehende Orte stammen aus keltischer Zeit oder tragen gar den alten keltischen Namen weiter: In England sind es unter anderem *Londinium* – London und *Eburacum* – York; in der Schweiz: *Lousonna* – Lausanne, *Turicum* – Zürich, *Genava* – Genf und Bern (von Brennus); in Deutschland: Bonn, Remagen, Andernach, Mainz, Worms; in Italien: *Mutina* – Modena, *Parma* – Parma, *Bergomum* – Bergamo, *Ticinum* – Pavia am *Ticino* – Tessin; *Mediolanum* – Milano/Mailand, *Comum* – Como, *Verona* – Verona (mittelhochdeutsch *Bern*), *Tridentum* – Trient und *Vicetia* – Vicenza; in Österreich: *Vindobona* – Wien und Carnuntum. In Kleinasien waren Gordion, Pessinus und Ankyra keltische Zentralorte vorkeltischen Ursprungs. Im spätantiken Gallien verdrängte dann vielfach der Stammesname den Ortsnamen: Paris (*Parisii* statt *Lutetia*), Reims (*Remi* statt *Durocortorum*), Sens (*Senones* statt *Agedincum*), Bourges (*Bituriges* statt *Avaricum*), Chartres (*Carnuti* statt *Autricum*), Trier (*Treveri* statt *Augusta*).

10. Könige

Die älteste Staatsform bei allen indogermanischen Völkern ist das Königtum: der lebenslange und erbliche Oberbefehl im Kriege, in der Regel verbunden mit rechtlichen und sakralen Aufgaben. Auch die Keltenstämme waren in ihrer frühesten Zeit von Königen beherrscht. Das legen schon die archäologischen Befunde nahe. Wir kennen aus der späteren Hallstattzeit Fürstensitze (s. u.) und fassen in den zumeist nahegelegenen Bestattungen herausragende Persönlichkeiten, die mit einem überdurchschnittlichen Aufwand beigesetzt worden sind.

Den Kern bildet gewöhnlich eine ebenirdige, später eine eingetiefte Grabkammer aus Eichenbalken, die durch Steinpackungen seitlich und oben geschützt ist. Darüber wurde ein kegelförmiger Hügel aufgeworfen, oft durch einen Steinring begrenzt. Die kleineren Hügel messen im Durchschnitt etwa 30 m, der von Vix hat 42, der von Hochdorf 60, der Hohmichele 80 und der Magdalenenberg 120 m. Dieser Hügel hat eine Steinabdeckung von 2 500 m^3 und besteht aus 45 000 m^3 Erde. Die ursprüngliche Höhe ist immer nur zu schätzen, für Hochdorf werden 6 m, für den Hohmichele 13,5 m genannt. Einzelne Hügelgräber sind über Wohnhäusern errichtet worden. Mit der Anlage hat man immer erst nach dem Tode des Grabinhabers begonnen. Während der Bauzeit muß er mumifiziert gewesen sein, anderenfalls hätten sich Chininpanzer von Fliegenlarven gefunden, wie sie in verwesenden Leichen zu erwarten sind. Die angewandte Technik der Mumifizierung ist unbekannt, erwogen wird die Verwendung von Honig, Salz oder Rauch. Die Errichtung des Grabes hat sich, wie die Größe nahelegt und die Pollenanalyse bestätigt, gewöhnlich über Monate hingezogen.

Die durch ihre Größe bemerkenswerten Fürstengräber fallen ebenso durch den Reichtum an Beigaben auf. Der Herr von Hochdorf war etwa 40 Jahre alt, als er starb, und überragte mit einer Körpergröße von 1,87 m die meisten seiner

Keltenkrieger. Spuren eines gewaltsamen Todes sind nicht auszumachen. Unter den Gegenständen des täglichen Gebrauchs, die ihm mitgegeben worden waren, ragt der goldene Halsring hervor; er konnte über den Kopf gezogen werden. Zwanzig Ringe dieser Art wurden in Hallstattgräbern gefunden, vermutlich handelt es sich um Herrschaftszeichen. Dies gilt auch für den 40 cm langen Zierdolch mit dem höchst unpraktischen „Antennengriff" in einer verzierten Bronzescheide. Der ganze Dolch war nachträglich mit Goldblech verkleidet.

Der Tote von Hochdorf trug einen konischen Hut aus verzierter Birkenrinde; neben ihm lagen eine Lanze und ein mit Fell überzogener Holzköcher mit 14 Pfeilen, während der Bogen vergangen war. In die Welt des Jagens und Fischens verweisen drei eiserne Angelhaken. Zur persönlichen Ausstattung gehören sodann Nagelschneider, Holzkamm und Rasiermesser, zwei Bronzefibeln mit Koralleneinlagen, zwei Goldfibeln, sowie fünf als Amulett am Hals getragene gedrechselte Bernsteinperlen. Sie waren eigens zum Zwecke der Mitgabe angefertigt worden, ebenso mehrere Goldsachen: ein breiter Armreif, die zwei Fibeln, die Dolchverkleidung, ein Gürtelblech und breite, gepunzte Bänder als Auflagen auf den Schuhen. Alle diese Schmucksachen dienten allein der Auszierung des Aufgebahrten. Das bezeugen fehlende Benutzungsspuren und Werkstoffreste, die unter dem Hügel ebenfalls „beigesetzt" wurden. Die Werkstätten lagen somit in der nächsten Umgebung.

Der Keltenfürst lag auf einer gebrauchten Bank aus Eisenstangen und Bronzeblech, griechisch *klinê*, mit eingepunzten Figuren von sechs Schwerttänzern und zwei vierrädrigen, zweispännigen Wagen, auf denen je ein Krieger steht. Die Beine der Liege sind als Frauenfiguren gestaltet, die auf Achsen von Rädern stehen. Sie erlaubten es, die Liege vorwärts und rückwärts zu rollen. Sie war bedeckt mit Tüchern und Pelzen von Dachs, Marder und Iltis. Das größte Gerät im Grab war ein kostbar mit Eisen- und Bronzebeschlägen verzierter vierrädriger Wagen. Die Pferde waren nicht mitgegeben worden, doch lag das Zaumzeug und ein Pferdestachel dabei, der im Altertum die Peitsche des Fuhrmanns ersetzte (*myops* in Platons Apologie des Sokrates). Die zum Gelage gehörenden Beigaben in Hochdorf sind oben im Zusammenhang mit dem Gefolgschaftswesen aufgeführt worden.

Die Mehrzahl der Fürstengräber war bei ihrer Entdeckung beraubt. Dies muß gewöhnlich bald nach der Bestattung geschehen sein, wie man daran erkennen kann, daß die Leiche in eine Ecke der Grabkammer geräumt wurde, während die Knochen noch im Verbund waren, oder daß eine Perlenkette auf dem Rückweg des Diebes in dem von ihm gegrabenen Stollen verloren ging, bevor der Faden vermodert war. Ein solcher Raub erfolgte, ehe die hölzerne Grabkammer eingestürzt war. Von den Dieben zur Beleuchtung mitgenommene Kienspäne bestätigen dies. Weshalb es den Angehörigen des Toten nicht gelang, die mit solchem Aufwand bezahlten Prunkgräber zu schützen, ist ebenso rätselhaft wie bei den Pharaonengräbern im Tal der Könige. Die Vermutung drängt sich auf, daß die Räuber bisweilen unter den Grabarbeitern zu suchen sind. Daß die Hinterbliebenen nicht geglaubt haben, bereits mit dem Verzicht auf die Beigaben das Totenopfer vollzogen und die Schuldigkeit abgeleistet zu haben, so daß sich eine Bewachung erübrigte, ergibt sich daraus, daß wie die Ägypter so die Kelten den Zugang zur Grabkammer so gut wie möglich verbarrikadierten. Über der Grabkammer von Hochdorf lagen 50 Tonnen Steine, und sie haben ihren Zweck erfüllt. Ein gutes Mittel, die Grabräuber zu foppen, war, die Kammer exzentrisch zu legen, so war sie schwer zu finden. Dies geschah auf dem Glauberg.

Die „Fürstengräber" tragen ihre Bezeichnung sicher zu Recht. Wenig später erscheinen diese Herren in der schriftlichen Überlieferung: Brennus, der Eroberer Roms im Jahre 387, ist der bekannteste (s. o.), und auch die später in der Po-Ebene seßhaften Keltenstämme standen unter Königen. Dasselbe gilt für die großen Wanderungen nach Osten. Das älteste dortige Königreich nach vollzogener Landnahme ist jenes von Tylis im heutigen Bulgarien im 3. Jahrhundert v. Chr. (s. o.). Als die Römer Ende des 2. Jahrhunderts die *Gallia Narbonensis* eroberten, gehorchten die dortigen Stämme noch Königen.

Der Titel des keltischen Königs lautet *rigs*. Es ist das alte indogermanische Wort für König und entstammt, wie lateinisch *rex* und indisch *radscha*, der Wurzel für „richten". Es erscheint häufig als Endung von Eigennamen: Vercingetorix, Orgetorix, Ambiorix etc. Livius nennt die selbständigen Fürsten der kleinasiatischen Galater *reguli* Kleinkönige, *reges* oder *duces*; Plutarch spricht von Tetrarchen (Vierfürsten, genauer: Viertelfürsten, Teilfürsten). Heerführer dürfen wir als Könige ansprechen. Als Brennus, der Eroberer von Delphi, starb, empfahl er dem Heer, Kichorius als Nachfolger zum *basileus*, d.h. zum König zu wählen. Mithin hatte schon er dieses Amt inne.

Im allgemeinen ging die Herrschaft vom Vater auf den Sohn über, doch waren Töchter und Witwen ebenfalls thronfähig. In Britannien hatten die Römer mit Cartimandua, der Frau des Briganten (so der Stammesname, er bedeutet „Kämpfer") Venutius, zu tun, die sich 50 n. Chr. auf die römische Seite stellte, und zehn Jahre später mit der Römerfeindin Boudicca, der Frau des Iceners Prasutagus (s.u.). Tacitus (Agricola 16) bemerkt: *neque sexum in imperiis discernunt* – „beim Oberbefehl machen sie keinen Unterschied zwischen den Geschlechtern". Das war in der Alten Welt sonst nicht üblich, sehen wir ab von mythischen Figuren wie Semiramis in Babylon und Kandake in Äthiopien oder von historischen Ausnahmen wie Kleopatra in Ägypten und Zenobia in Palmyra. In den Keltenmythen des Mittelalters erscheinen Königinnen bisweilen aktiver und militanter als ihre Männer.

Die Nachrichten über Königsinsignien sind bei den Kelten ebenso spärlich wie bei den frühen Germanen. Dion Chrysostomos (or. 49, 8) erwähnt um 100 n. Chr. einen goldenen Thron als Amtssymbol, der zugleich genannte Palast wird diesen Namen kaum verdient haben, der Aufwand der Gastmähler schon eher (s.o.). Der in den reichen Gräbern vorkommende goldene Halsring hat den Fürsten gewiß schon im Leben geziert, doch war er eher Standes- als Amtsabzeichen. Einzelne Könige der Galater trugen das hellenistische Diadem.

Anscheinend hatte der keltische König, ähnlich wie die meisten frühgeschichtlichen Könige, priesterliche Funktionen. Der Galaterkönig Deiotarus wird von Cicero (De divinatione I 26f.) als berühmter Seher bezeichnet. Wir hören, daß der König mit seinem Verhalten den Segen der Götter verbürge und im Falle von deren Ungnade den Tod verdiene. Der Gedanke des Königsheils findet sich schon bei den alten Israeliten: Wenn David sündigt, schickt der Herr Pestilenz über Israel (1. Chronik 21, 14); er begegnet bei den Griechen, da Agamemnon für günstigen Wind und reiche Ernte zu sorgen hat (Odyssee XIX 110ff.), und bei den Germanen, wo Ammianus Marcellinus (XXVIII 5, 14) es den Burgundern attestiert. Sakraler Art ist das Gebot, ein König müsse körperlich unversehrt sein. Das erwartete man, wie die Quellen lehren, ebenso von einem attischen Archonten und von einem römischen Konsul, Prätor oder Kaiser. Im 3. Buch Mose (21, 17) wird dies für die Jahwe-Priester gefordert und gilt für den katholischen Klerus bis heute. Der körperliche Makel eines Priesteranwärters (auch uneheliche Geburt) erfordert einen päpstlichen Dispens. Man glaubt, daß ein Körperschaden den Entzug der göttlichen Gnade bezeuge.

Nicht anders als bei anderen antiken Völkern geriet das Königtum irgendwann in eine Krise. Schon Polybios (II 21, 5) berichtet, daß keltische Könige ihre schwankende Macht durch Stammesfremde stützen wollten und dabei von ihrem eigenen Volk totgeschlagen wurden. Im Kriege führte nicht mehr der *basileus*, sondern ein *stratêgos*. Der Machtverlust spiegelt sich, wie stets, in den archäologisch faßbaren Bestattungsbräuchen. Die überaus reichen Gräber einzelner Damen und Herren der Hallstattzeit verschwinden in der Latènezeit, das heißt bald nach 400 v. Chr., so daß man auf eine soziale Egalisierung, ja sogar Demokratisierung der Gesellschaft geschlossen hat. Unerklärt ist, weshalb in der Hallstattzeit Körper- und Brandgräber nebeneinander, in der Latènezeit jedoch überwiegend Körpergräber üblich waren. Allmählich tritt an die Stelle der alten Fürstenkultur um die Herrensitze eine Stadtkultur der „breiten Massen" (Moreau 1961).

Als Caesar nach Gallien kam, hatten die meisten Stämme das Königtum abgeschafft und eine Adelsherrschaft eingerichtet. Bei den Sequanern und Häduern war der Umsturz erst vor einer Generation erfolgt, wie Caesar (I 3) bemerkt. Allein die von den Römern am weitesten entfernt wohnenden Stämme in Aquitanien, Nordgallien und Britannien standen noch unter Königen. Hier wurde die Monarchie erst in der Zeit zwischen Caesar und Tacitus durch die Aristokratie ersetzt. „Früher gehorchten sie Königen, jetzt werden sie durch konkurrierende Fürsten und Parteien zerrissen", heißt es bei Tacitus im „Agricola" (12, 1). Der französische Forscher Grenier hat 1945 von einer „gallischen Revolution" gesprochen, die den Vorgang der Französischen Revolution bereits einmal zuvor durchgespielt habe. So wie auch deren Ideen über den Rhein ins Deutsche Reich ausstrahlten, so hätte auch die gallische Revolution dort nicht haltgemacht. Tatsächlich haben die den Galliern benachbarten Germanenstämme ihre Monarchien ebenfalls beseitigt und Adelsrepubliken an deren Stelle gesetzt, während die ost- und nordgermanischen Königtümer sich halten konnten. Das Streben nach der Königsherrschaft in einem aristokratisch verfaßten Stamm galt als Hochverrat, der Mann mußte sterben – wie bei den Germanen, denken wir an Arminius, so bei den Galliern, wo es den Häduer Dumnorix, den Helvetier Orgetorix und Celtillus traf, den Vater des Vercingetorix.

Unter den verbliebenen Königen läßt sich eine Schwächung der Zentralgewalt erkennen: Von den Eburonen schreibt Caesar (V 27, 3), die Menge besitze dort denselben politischen Einfluß wie der König; und Dion Chrysostomos (or. 49, 8) meldet von den Keltenkönigen, sie dürften nichts unternehmen oder beschließen, ohne die Druiden zu fragen, so daß in Wirklichkeit diese regierten und die Könige bloß ausführende Organe wären. Als Grund für die Abschaffung des Königtums kommt das Vorbild der außenpolitisch so erfolgreichen republikanischen Verfassung Roms in Betracht, wichtiger war aber wohl die Herausbildung einer wohlhabenden und selbstbewußten Mittelschicht, wie sie zuvor bei Griechen und Karthagern, bei Etruskern und Römern entstanden ist und dort die Alleinherrschaft beendet hat. Diese Mittelschicht schuf und trug das Städtewesen, dessen Aufblühen geographisch und chronologisch mit dem Verschwinden des Königtums zusammenfällt. Auch bei den angrenzenden Germanen deckt sich die Verbreitung der Volksburgen mit der aristokratischen Stammesverfassung. Bei den Galatern waren die ursprünglich regierenden Könige ebenfalls durch gewählte Beamte ersetzt worden, doch gab es in den Kämpfen mit Rom wieder Könige, schließlich nur einen einzigen, Deiotarus.

11. Adelsherrschaft

Die meisten antiken Gemeinwesen besaßen zwei Kollektivorgane, einen Ältestenrat und eine Volksversammlung der wehrfähigen Männer. Auch bei den Galliern gab es diese Einrichtungen, die schon in der Königszeit existierten, doch wurden sie erst in republikanischer Zeit bedeutsam. Es handelt sich um einen Stammesrat (*senatus*) der Herren (*principes gentis*) und eine allgemeine Stammesversammlung (*concilium*), entsprechend dem aus der „Germania" des Tacitus (11 f.) bekannten Thing. Der Senat bestand aus gebürtigen Adligen, doch durften ihm nicht zwei Mitglieder derselben Familie angehören – so jedenfalls bei den Häduern, wie Caesar (VII 33, 3) meldet.

Öfter hören wir vom *concilium*. Caesar (VI 20, 3) schreibt: *De re publica nisi per concilium loqui non conceditur* – „über Staatsangelegenheiten darf nur auf dem Konzil verhandelt werden". Wer dort vertreten war, ist nicht ganz klar. Selbstverständlich erschien der Adel, aber auch die Druiden hatten ein gewichtiges Wort mitzureden – speziell über Krieg und Frieden. Ausgeschlossen war nach Caesar (VI 13) die *plebs*. Dem entspricht die Angabe Strabons (IV 4, 3), daß die meisten gallischen Stämme in vorrömischer Zeit aristokratische Verfassungen besaßen, das Wahl- und Entscheidungsrecht mithin nicht allen Freien zustand. Gleichwohl muß der Adel zahlreich gewesen sein, denn das *concilium* wird auch als Menge (*multitudo* oder *plêthos*) bezeichnet. In Notfällen trafen sich Angehörige vieler Stämme auf einem Konzil, so nach dem Einfall Caesars (V 11) in Britannien 54 v. Chr. und während seiner Belagerung von Alesia 52 v. Chr. Damals versammelte sich ein *concilium principum* aus allen gallischen Stämmen (VII 75). Die Institution war flexibel.

Zur Zeit Hannibals erschienen die Gallier üblicherweise in Waffen zur Volksversammlung, bei Caesar (VII 75) nur dann, wenn es um Krieg und Frieden ging. Durch Waffenschlagen bezeugte man Beifall, wie Caesar (VII 21) bemerkt, durch

Murren Ablehnung. Wer zu einem *concilium armatum* zu spät käme, heißt es, würde öffentlich unter Martern hingerichtet. Übereinstimmend berichten die antiken Autoren, daß die Gallier große Redner gewesen seien. Wir hören auch davon, wie im Konzil für Ruhe gesorgt wurde: Wer einen Redenden unterbrach, dem wurde, nach Strabon (IV 4, 3), ein Loch in den Rock geschnitten.

Die Stammesversammlung war zuständig für alle politischen Grundsatzfragen. Verhandlungen mit anderen Stämmen konnten mit festgelegtem Auftrag abgetreten werden. Orgetorix erhielt von den Helvetiern das Mandat, die außenpolitischen Vorbereitungen der Auswanderung zu treffen. Auch politische Prozesse scheinen vor dem Volk geführt worden zu sein. Als Orgetorix glaubhaft beschuldigt wurde, mit der Auswanderung das Königtum für sich angestrebt zu haben, wurde er vor Gericht gefordert. Er kam der drohenden Verurteilung durch Selbstmord zuvor.

Neben dem *concilium* erwähnt Caesar mehrfach Beamte, *magistratus*. Das waren gewiß keine Magistrate im römischen Sinne, wohl aber von der Volksversammlung für ein Jahr beauftragte Amtsträger. Die besser verwalteten Stämme, heißt es bei Caesar (VI 20), besäßen ein Gesetz, daß alle für den Staat bedeutsamen Nachrichten nur an die Behörden weitergegeben und nicht im Volk verbreitet werden dürften. Die Magistrate gäben dem Volk kund, was ihnen geeignet scheine. Nach Strabon (IV 4, 3) wählte die jeweilige Stammesversammlung in Gallien jährlich einen Hegemon und im Kriege einen Strategen. Ob beide auch nebeneinander amtierten, wissen wir nicht. Vermutlich wählte die Gesamtheit der Krieger die Amtsträger aus dem Kreise der Adligen. Dio (LXXVII 12) spricht von demokratischer Archontenwahl bei den Britanniern.

Von den Häduern überliefert Caesar (I 16, 5; VII 32, 5), daß sie einen *summus magistratus*, einen höchsten Amtsträger an der Spitze ihres Gemeinwesens hätten, der jährlich gewählt würde und Gewalt über Leben und Tod besitze. Der Fachausdruck lautet *vergobretus*, was mit „oberster Richter" übersetzt werden kann. Der Titel ist inschriftlich noch in der Kaiserzeit bezeugt. Der Vergobret wurde von den Priestern ernannt und durfte die Stammesgrenzen nicht überqueren. Soweit zu Gallien. Die Nachrichten über keltische Beamte außerhalb Galliens sind spärlich. Bei den Galatern hatte nach Strabon (XII 5, 1) jeder der drei Stämme vier Tetrarchen, unter jedem Tetrarchen standen ein Richter und ein Feldherr (*stratophylax*) nebst zwei Unterfeldherren.

Der keltische Stamm besaß einen hohen Grad an verfaßter Staatlichkeit. Dieser blieb wohl hinter dem bei Griechen und Römern erreichten Standard zurück, doch waren die Germanenstämme noch loser gefügt. Keltischer Einfluß auf germanisches Rechtsdenken schlägt sich nieder in den Rechtsbegriffen, die ins Germanische übernommen worden sind: Außer „Amt" und „Vasall" sind die deutschen Wörter „Reich", „Eid" und „Geisel" keltischen Ursprungs.

12. Der politische Niedergang

Die Kelten gehören zu den verschwundenen Völkern. Von den aus dem Altertum bekannten *nationes* sind überhaupt die meisten untergegangen, nicht nur die zahlreichen Kleinvölker im Vorderen Orient, im Donauraum und in Italien, in Spanien und Nordafrika, sondern auch so glanzvolle Namen wie Phöniker, Karthager und Etrusker. Diesen Völkerschwund hat schon der Geograph Strabon (IX 5, 12) beobachtet. Er unterschied zwei Formen. Im ersten Fall werden die Menschen ausgerottet und ihr Land verwüstet oder neu bevölkert. Im zweiten Fall ändert sich bloß der Name (*to ethnikon*), die Lebensart und die Staatsform (*to systêma*). Letzteres ist – trotz aller Menschenverluste – die Regel, so auch bei den Kelten. Sie haben keine über das Altertum hinausreichende politische oder religiöse Tradition begründet, obschon ihre Nachkommen leben.

Der weitaus größte Teil der Kelten kam unter römische Herrschaft, zunächst die in Oberitalien. Im Verlaufe des 3. Jahrhunderts v. Chr. mußten sie von den Römern mehrere Niederlagen hinnehmen. Obwohl sie sich mit den Etruskern und Samniten verbündet hatten, wurden sie 295 v. Chr. bei Sentinum geschlagen. Zehn Jahre danach unterlagen die Senonen in Umbrien, die Römer richteten den *ager Gallicus* ein und gründeten dort die römische Bürgerkolonie Sena Gallica. 225 überschritten die Römer nach ihrem Sieg bei Telamon über die Insubrer und Boier in einem Gegenangriff zum ersten Mal den Po, 222 eroberten sie die Insubrerstadt *Mediolanum* – Mailand. Weder der Zuzug von Kelten aus Gallien noch die Hannibal-Episode konnten etwas daran ändern, daß die *Gallia Cisalpina* am Anfang des 2. Jahrhunderts fest unter die Herrschaft Roms geriet. In der fruchtbaren Po-Ebene waren die Kelten gemäß dem Urteil Appians (IV 7), der um 150 n. Chr. schrieb, behäbig geworden. Polybios (II 35, 4) fand dort nur noch ganz wenige Kelten vor.

Die Kelten Spaniens waren schon den Karthagern botmäßig und kamen mit dem Zweiten Punischen Krieg (218–201) in

Abhängigkeit von Rom. Der Aufstand in Lusitanien unter dem Schafhirten Viriathus gegen die brutale, von Appian (VI 60ff.) ungeschönt beschriebene römische Kolonialpolitik wurde von den Keltiberern unterstützt, doch kam es trotz beträchtlicher Anfangserfolge – mehrere römische Heere wurden durch die damals erfundene Guerillataktik aufgerieben und Viriathus erhielt einen ehrenvollen Frieden – zu keiner politischen Stabilisierung; der Rebell fiel 139 v. Chr. durch gedungene Mörder aus seinen eigenen Reihen.

Zentrum des Widerstands der Keltiberer gegen Rom war die seit der Bronzezeit besiedelte Bergfestung Numantia am Oberlauf des *Durius* – Duero. Wiederholte Angriffe der Römer wurden abgeschlagen. 195 v. Chr. scheiterte der ältere Cato, 153 Quintus Fulvius Nobilior, im Jahre darauf Marcus Claudius Marcellus. Zwei weitere Consulare unterlagen 141 bis 138. Ein denkwürdiges Ereignis war die Kapitulation des Konsuls Hostilius Mancinus 137 v. Chr. Um seine 20 000 Mann zu retten, unterzeichnete er einen schmachvollen Frieden. Der Senat indessen weigerte sich unter dem Einfluß des jüngeren Scipio, den Vertrag zu ratifizieren. Um den Rechtsbruch zu vermeiden und die Regeln des *bellum iustum*, des „gerechten Krieges", zu wahren, wurde der Konsul den Feinden ausgeliefert: Nackt und gefesselt stellte man ihn vor das Tor von Numantia. Die Numantiner aber weigerten sich, das Opfer anzunehmen. Scipio ging selbst nach Spanien und eroberte die Stadt 133 v. Chr. nach achtmonatiger Belagerung. Die viertausend Keltiberer ergaben sich der römischen Übermacht. Bei der Zerstörung der Burg waren der spätere Kimbernsieger Marius, der Numiderkönig Jugurtha und der Historiograph Polybios zugegen. Numantia wurde in der ersten Hälfte unseres Jahrhunderts archäologisch mustergültig durch Adolf Schulten erforscht, dreizehn Römerlager kamen zutage. Der keltiberische Widerstand gegen Rom war damit jedoch nicht völlig erloschen, noch Augustus hatte in Nordspanien 26 v. Chr. harte Kämpfe gegen die *Astures* und die *Cantabri* auszufechten.

Das politische Ende der Kelten in der *Gallia Transalpina* beginnt mit Roms Interesse an der Stadt *Massilia* – Marseille.

Die dortigen Griechen hatten die Römer im Zweiten Punischen Krieg mit Schiffen unterstützt und genossen dafür Roms Schutz gegen Angriffe aus dem keltischen Hinterland. 125 v. Chr. eröffnete der Konsul Marcus Fulvius Flaccus den Kampf gegen die keltischen Vocontier östlich der unteren Rhône; der erste römische Stützpunkt wurde das 122 gegründete Kastell *Aquae Sextiae* – Aix-en-Provence. Darauf kam es zu Spannungen mit den nördlich angrenzenden Völkern, mit den Allobrogern östlich und den Arvernern westlich der Rhône, während deren Gegner, die Häduer um *Lugdunum* – Lyon einen Bund mit Rom schlossen. Der Sieg des Konsulars Gnaeus Domitius Ahenobarbus 121 an der Mündung der Isère in die Rhône machte die „Provence" zur Provinz, Domitius baute eine Verbindungsstraße nach Spanien, und *Narbo* – Narbonne, die Hauptstadt der keltischen *Volcae*, wurde 118 römische Bürgerkolonie. Die *Gallia Narbonensis* romanisierte sich rasch.

Trotz der römischen Abwehrerfolge wurden die nördlichen Kelten in Rom weiterhin als Bedrohung empfunden. Als die Kimbern und Teutonen 113 v. Chr. über die Alpen kamen und in Noricum ein konsularisches Heer vernichteten, sodann im Rhônetal und anschließend bei *Arausio* – Orange weitere Siege über die Römer errangen, da geriet Rom in Schrecken vor den Kelten, weil man damals die Germanen noch nicht als eigenes Volk erkannt hatte. Die Kimbern und Teutonen wurden den Galliern zugerechnet. Erst Marius überwand durch seine Siege 102 und 101 den Kimbernschreck. Aber auch die echten Gallier jenseits der Alpen blieben ein Problem. 63 v. Chr. suchte, wie uns Sallust (Catilina 40f.) überliefert, der adlige Desperado Catilina Unterstützung für seinen Umsturz bei den Allobrogern, die in der Gallia Narbonensis in und um *Vienna* – Vienne wohnten und eine Beschwerdegesandtschaft wegen Steuerdrucks nach Rom gesandt hatten. Zwei Jahre später mußte ein Aufstand bei ihnen niedergeworfen werden. Selbst zu Caesars Zeit waren sie noch nicht völlig befriedet.

13. Caesar in Gallien

Die stärkste Bastion des Keltentums war das transalpine Gallien nördlich der *Narbonensis*. Angesichts der rivalisierenden Stämme dort bildete es für Rom keine wirkliche militärische Gefahr, verlockte aber durch seinen Reichtum an Gütern und Menschen. Diese Chance gesehen und genutzt zu haben, war das Werk Caesars. Hinsichtlich der immer wieder aufflakkernden Unruhen im Norden konnte Caesar mit Zustimmung in Rom rechnen, als er daranging, Gallien als ganzes zu unterwerfen. Nach seinem Konsulat 59 v. Chr. erhielt er durch Senatsbeschluß die Verwaltung von *Gallia Cisalpina, Illyricum* und nach dem plötzlichen Tode des bisherigen Statthalters zusätzlich noch *Gallia Narbonensis*. Um ähnlich wie Marius, Sulla und Pompeius vor ihm als heimkehrender Sieger an der Spitze einer Armee innenpolitisch Einfluß zu gewinnen, suchte Caesar einen Kriegsschauplatz und fand ihn in Gallien. Da eine Kriegserklärung einen Beschluß durch Senat und Volk erfordert hätte, drapierte Caesar seine Unternehmung als Polizeiaktion zum Schutze seiner Provinz. Ein Anlaß bot sich. Die keltischen Helvetier, die unter dem Druck der nordöstlich angrenzenden Sweben um 80 v. Chr. aus Süddeutschland in die Schweiz ausgewichen waren, hatten abermals beschlossen, neue Wohnsitze zu suchen. Als sie auf dem Wege nach Westgallien durch die römische Provinz ziehen wollten, trat ihnen Caesar bei Genf entgegen. Darauf wählten sie den Weg nördlich durch das Sequanerland. Caesar verfolgte sie ins freie Gallien, besetzte die Hauptstadt der Häduer *Bibracte* – Mont Beuvray bei *Augustodunum* – Autun, besiegte die Helvetier und zwang die Überlebenden zur Rückkehr in die Schweiz.

Caesar seinerseits aber zog sich nicht zurück, sondern weitete den Kriegsschauplatz aus. Im Lande der Sequaner hatte sich der Swebenfürst Ariovist niedergelassen. Er war 71 v. Chr. den Bewohnern gegen die Häduer zu Hilfe gekommen und seitdem der mächtigste Mann im Lande. Obschon der Senat ihn, um das Vorfeld zu sichern, zum „Freund des römischen

Volkes" erklärt hatte, forderte Caesar (I 33 ff.) seinen Rückzug. Er bemächtigte sich des sequanischen Vorortes *Vesontio* – Besançon, besiegte die Germanen und trieb sie über den Oberrhein zurück. Ende 58 war dort die Reichsgrenze.

Das eroberte Gebiet blieb den Winter über besetzt. 57 erschien Caesar abermals mit neu ausgehobenen Legionen und bezwang in harten Kämpfen die keltisch-germanischen Belgen und Nervier in Nordgallien. Im Jahre 56 unterwarf er die Veneter am Atlantik und die Kelten in Aquitanien; damit schien, abgesehen von der Bretagne, die Annexion Galliens gelungen. Im Folgejahr 55 mußte Caesar seine Position innenpolitisch sichern, sein Kommando wurde um weitere fünf Jahre verlängert, seine Politik vom Senat ratifiziert.

Eher demonstrativen Charakter hatten einerseits die beiden Rheinübergänge 55 und 53, berühmt durch den von Caesar (IV 16 ff.) technisch exakt beschriebenen Brückenschlag irgendwo zwischen Koblenz und Andernach, und andererseits die Expeditionen nach Britannien 55 und 54 wegen angeblicher Hilfeleistung von dort für die Festlandkelten. Dabei ließ Caesar (V 7) seinen fähigsten Gegner, den Häduer Dumnorix, Schwiegersohn des Orgetorix, ermorden. Er hatte sich geweigert, ihn nach Britannien zu begleiten. Dort trat den Römern der an der mittleren Themse residierende König Cassivellaunus entgegen, unterlag jedoch, so daß er sich nach Zerstörung seiner Hauptstadt zu einem Tribut an Rom verpflichtete. In Gallien besiegte Caesar (IV 14 f.) 55 die nach Belgien eingedrungenen germanischen Usipeter und Tencterer auf hinterhältige Weise und unterwarf sodann die Moriner und Menapier an der Kanalküste. Seine Legaten hatten nicht immer das Glück Caesars: Im Jahr danach verlor er 15 Kohorten beim Aufstand der Eburonen unter Ambiorix im Umland von *Aduatuca* – Tongern. Anschließend erhoben sich die Nervier, ihre westlichen Nachbarn. Im Jahre 53 nahm Caesar (VI 34 ff.) Rache, das Eburonenland wurde verwüstet.

Das Schicksalsjahr 52 entschied über die Zukunft Galliens. Der Arverner Vercingetorix, der Sohn des angesehensten Mannes im Lande, entfachte einen Aufstand in ganz Mittelgallien.

In offener Feldschlacht den Römern unterlegen, bedrängte er sie durch Kleinkrieg, bis es Caesar (VII 69) gelang, ihn auf *Alesia* – Alise Ste.-Reine einzuschließen. Ein achtzehn Kilometer langes Sperrsystem unterband jeden Verkehr mit der Außenwelt. Das Ende dieser Festung wiederholt den Fall von Numantia und gehört zu den berühmtesten Belagerungsgeschichten der Antike, beginnend mit dem mythischen trojanischen Krieg, gefolgt von der Niederlage der Athener vor Syrakus 414, der Erstürmung von Tyros durch Alexander 332, dem erfolglosen Angriff auf Rhodos durch Demetrios den Städtebelagerer 305, der Zerstörung Karthagos 146 durch Scipio, der Einnahme Jerusalems durch Titus 70 n. Chr. bis zum Fall Roms 410 durch Alarich und seine Westgoten.

Caesar widmet dem Kampf gegen Vercingetorix das ganze siebte Buch seiner „Commentarii de bello Gallico", kaschiert auch seine Rückschläge nicht, so den mißlungenen Angriff auf Gergovia, die Heimatstadt seines Gegners, stellt freilich sein persönliches Eingreifen heraus, als er in kritischer Lage im roten Feldherrnmantel (VII 88) ins Handgemenge stürzte, um zu verhindern, daß die gesamtgallische Entsatzarmee – selbst die Häduer beteiligten sich – den äußeren Verteidigungsring durchbräche, der die Belagerer im Rücken schützen sollte. Alesia wurde ausgehungert, Vercingetorix ergab sich und wurde beim Triumph Caesars nach sechsjähriger Haft am 26. September 46 v. Chr. im lichtlosen Carcer Tullianum zu Rom erwürgt. Vor ihm starben hier die Anhänger von Gaius Gracchus und die von Catilina sowie der Numiderkönig Jugurtha, nach ihm der von Kaiser Tiberius gestürzte Gardepräfekt Seianus mit seiner Familie. Die Leichen warf man in den Tiber.

Nach der Kapitulation Alesias hatte Caesar noch mehrere kleinere Revolten niederzuwerfen, die wir aus der Beschreibung durch Caesars Freund Aulus Hirtius kennen, überliefert als achtes Buch des „Bellum Gallicum". Als letzte Burg fiel 51 v. Chr. das schier uneinnehmbare Uxellodunum in der Landschaft Quercy (Departement Lot), den überlebenden Verteidigern wurden die Hände abgehackt. Eine solche Strafe für hartnäckige Gegner war kein Einzelfall in der römischen Politik: Augustus verhängte sie in Spanien gegen abtrünnige Kelten, die freilich ihrerseits, wie Strabon (III 3, 6) meldet, dasselbe praktizierten, allerdings als Dankesgabe an die Götter, als partielles Menschenopfer motiviert.

Mit den unterworfenen Galliern schloß Caesar ein „ungleiches Bündnis", das ihnen Tribute auferlegte und ihnen das Kriegführen verbot. Die Oberschicht suchte er durch größzügig verliehenes Bürgerrecht an sich zu binden, er nahm sogar zahlreiche Gallier in den Senat auf, so daß man spottete, er habe aus einem Toga-Senat einen Hosen-Senat gemacht. Am 10. Januar 49 überquerte Caesar den Rubicon und ließ dem äußeren Krieg den inneren folgen. Als Dictator verlieh er den Kelten der Gallia Cisalpina, wo er seine Legionen ausgehoben hatte, noch im gleichen Jahre das römische Bürgerrecht. Schon 89 v. Chr. hatten sie das latinische Recht erhalten. Seit 41 v. Chr. zählte die Po-Ebene zu Italien.

14. Die Kelten in der Kaiserzeit

Nachdem Caesar Roms Herrschaft über Gallien begründet hatte, blieb seinem Nachfolger Augustus nur noch die Aufgabe übrig, das Reich im Norden abzurunden. Der Versuch, *Germania Magna* zu annektieren, mißlang. Die Behauptung des Augustus im 26. Kapitel seines Tatenberichts (s. u.), er habe Gallien, Spanien und Germanien vom Atlantischen Ozean bei Gades bis zur Mündung der Elbe befriedet, ist ein wenig irreführend angesichts der dort verschwiegenen Niederlage im Teutoburger Wald, die auch sein Enkel Germanicus nicht wettzumachen vermochte.

Die Unterwerfung der noch freien Kelten hat Augustus indessen vollendet. Er besiegte sie in Dalmatien, nachdem die in Krain ansässigen Japoden den Römern mehrfach Niederlagen beigebracht, Aquileia belagert und Triest geplündert hatten. In den Jahren 35 bis 33 kämpfte Octavian – erst 27 erhielt er den Ehrennamen Augustus – persönlich gegen sie, er wurde verwundet. Nach zahlreichen Gefechten wurde der Stamm unterworfen und nahezu ausgerottet. Die Überlebenden gaben sich, wie Dio (XLIX 36) überliefert, selbst den Tod.

Die Keltenstämme in den Alpen konnten gleichwohl ihre Selbständigkeit lange behaupten. Sie lebten im Einvernehmen mit den Römern, die ihr Gebiet durchzogen, bis im Jahre 35 v. Chr. während der Kämpfe in Dalmatien die Salasser sich erhoben, die mit den Taurinern um Turin zusammen genannt werden. Da die Salasser Flußgold wuschen und die westlichen Alpenpässe kontrollierten, namentlich den Großen Sankt Bernhard und den Hannibalpaß (Col du Clapier), war es zuvor schon zu Spannungen mit den Römern gekommen. 25 v. Chr. Unterlagen sie einem General des Augustus, 8 000 Krieger und 36 000 Zivilisten wurden, wie Strabon (IV 6, 7) berichtet, in die Sklaverei verkauft. Um die Gegend zu sichern, gründete der Kaiser die Stadt *Augusta Praetoria* – Aosta.

Zehn Jahre später kam es zu einem großen Zangenangriff auf die Kelten und Raeter in den Zentralalpen und am Bodensee. Der Stiefsohn und spätere Nachfolger des Augustus, Tiberius, unterwarf von Gallien aus das Wallis, sein Bruder Drusus zog das Etsch- und Eisacktal hoch über den nach den keltischen *Breuni* benannten Brennerpaß an die Donau. Möglicherweise wurde damals die Keltenstadt Manching zerstört. Bei Augsburg – *Augusta Vindelicorum* entstand möglicherweise ein Legionslager. Ein gewaltiges Siegesdenkmal, *Tropaeum Alpium* – La Turbie oberhalb von Monaco, nennt die Namen der 46 unterworfenen Stämme. Die 170 erhaltenen Fragmente der im Mittelalter zerstörten Inschrift konnten zusammengesetzt und ergänzt werden, weil der ältere Plinius den Text überliefert (III 136 ff.).

Um 10 v. Chr. wurde auch das *regnum Noricum* ein Teil des Reiches. Der Statthalter des östlich angrenzenden Illyricum übernahm das Regiment, der Herrschaftswechsel vollzog sich friedlich, vermutlich nach dem Tode des letzten kinderlosen Fürsten. Rom schickte einen *praefectus civitatis*, der in Virunum bei Klagenfurt residierte.

Wie die cisalpinen wurden auch die transalpinen Gallier zu Römern. Kaiser Claudius eröffnete als ersten den Häduern den Zugang zum Senat im Jahre 48, nachdem der Aufruf der romanisierten Gallier Julius Florus und Julius Sacrovir zur Freiheit im Kampf gegen Kaiser Tiberius 21 n. Chr. wenig Anklang gefunden hatte. Die Erhebung des aquitanischen Königssprosses Julius Vindex gegen Nero im Frühjahr 68 verfolgte keine nationalkeltischen Ziele mehr. Zum letzten Male ist bei der Revolte des Batavers Claudius Civilis nach Neros Tod von einem germanisch-keltischen *Imperium Galliarum* die Rede, doch sind die Umstände kaum vorstellbar, unter denen das hätte gelingen können.

Schon ehe die letzten Alpenkelten ihre politische Selbständigkeit aufgeben mußten, hatten die kleinasiatischen Galater die ihre verloren. Die seit der Umwandlung des Königreichs Pergamon in die Provinz Asia 133 v. Chr. bedrohliche Präsenz der Römer hatte die Galater bewogen, ihr Heil als Bundesgenossen an deren Seite zu suchen; und die mit den Siegen von Sulla, Lucullus und Pompeius über Mithridates VI von Pontos unumstößlich gewordene Vormacht Roms in Kleinasien bestätigte die Galater in ihrer romfreundlichen Haltung. Dabei wurden sie ungewollt in die innerrömischen Auseinandersetzungen hineingezogen. Für seine Unterstützung der Römer erhielt der Tetrarch Deiotarus – er trug den Beinamen *Philorhomaios* – Römerfreund – 63 v. Chr. auf Antrag des Pompeius vom Senat den Königstitel und bekam zur Herrschaft über die Tolistoagier noch die über die Tectosagen und weitere Gebiete.

Bei Pharsalos 48 v. Chr. kämpfte Deiotarus auf seiten des Pompeius, der ihn bei der Neuordnung des Ostens 64 v. Chr. für sich gewonnen hatte. Caesar begnadigte den Fürsten und erhielt von ihm Zuzug im Krieg gegen König Pharnakes von Pontos (Nach dessen raschem Sturz sprach Caesar das vielzitierte *veni vidi vici* – „ich kam, sah und siegte"). Dennoch nahm Caesar dem Galater einige von diesem okkupierte Gebiete. Aus Rache dafür soll Deiotarus einen Mordanschlag auf Caesar geplant haben. 45 v. Chr. verteidigte Cicero den König in einer erhaltenen Rede. Auf dem Schlachtfeld bei Philippi 42 v. Chr. stand er wieder auf der falschen Seite, doch ging er nach dem Tode des Cassius zu Octavian über und starb 40 v. Chr. im Besitz seines Königreiches. Nach dem Aussterben der Dynastie führte Augustus 25 v. Chr. den Provinzialstatus ein. Galatien wurde eine kaiserliche Provinz unter einem Legaten im Rang eines Prätors.

Die Galater bereiteten den Römern während der Kaiserzeit – anders als die kleinasiatischen Isaurier – keine Schwierigkeiten mehr. Sie begingen, wie die übrigen Provinzialen, das übliche Jahresfest zu Ehren des Kaisers unter dem Vorsitz eines *Galatarches* genannten Provinzialpriesters. Das auf Inschriften dem Volksnamen vorangestellte *sebastenos* – „kaiserlich" unterstreicht die Loyalität zu Rom. An den Wänden des Tempels für Augustus und Roma in *Ankyra* – Ankara hat sich der Text des Tatenberichts von Augustus erhalten, die „Res Gestae Divi Augusti" oder das „Monumentum Ancyranum". Dieses politische Testament des ersten römischen Kaisers wurde von Theodor Mommsen zur „Königin der Inschriften" erklärt und ist eine unschätzbare Quelle für das frühe Principat. Die Inschrift ist zweisprachig, lateinisch und griechisch, und dokumentiert damit den Hellenisierungsprozeß, dem die Galater ausgesetzt waren. Schon im 2. Jahrhundert v. Chr. tragen Angehörige ihrer Oberschicht griechische Namen.

Die Verbreitung der Griechischkenntnisse der Galater beweist der an sie gerichtete Brief des Apostels Paulus aus dem Neuen Testament. Er ist ums Jahr 54 n. Chr. vermutlich in Ephesos verfaßt. Die hellenisierten Galater wurden auch als *Gallograeci* bezeichnet. Die Bereitschaft zur Vermischung mit anderen Völkern bezeugen zudem die Namen der Keltiberer in Spanien, der Keltoskythen an der Donaumündung und der Keltoligyer an der unteren Rhône. Im Unterschied zu den anderen Hauptbriefen des Paulus ist der Galaterbrief nicht an die Christen einer Stadt gerichtet, und das rührt daher, daß die Galater überwiegend auf dem Lande siedelten. Der Galaterbrief ist für die Theologie des Paulus deswegen bedeutsam, weil er sich hier in aller Schärfe gegen die Forderung der Judenchristen wendet, die neuen Gläubigen müßten sich zuvor beschneiden lassen. Widerstand gegen diese Verstümmelung gab es nicht allein bei den Galatern. Trotz der Hellenisierung der Galater überlebte das keltische Idiom. Das bezeugt noch um 400 der Kirchenvater Hieronymus. Er hatte das Keltische in Trier kennengelernt und konnte, als er später zu den kleinasiatischen Galatern kam, deren Sprache verstehen. Diese beiden keltischen Gruppen waren damals über 700 Jahre getrennt.

Anders als die Festlandkelten bewahrten die Britannier zunächst ihre Unabhängigkeit. Ob und wie lange der von Caesar geforderte Tribut gezahlt wurde, ist ganz unklar. An den inneren Verhältnissen auf der Insel änderte er nichts. Der von Augustus geplante Zug nach Britannien mußte abgeblasen werden, als sich die Salasser erhoben (s.o.). Roms Schwäche nutzte der König Cunobelinus, der die Residenz von *Verulamium* – St. Albans nach *Camulodunum* – Colchester verlegte. Ihm gelang die Annexion größerer Gebiete im Südosten der Insel, so daß man ihn als *rex Britanniarum* bezeichnen konnte. Er importierte römische Waren und prägte Münzen mit lateinischen Buchstaben. Sein gutes Verhältnis zu Rom trübte sich, als sein Sohn sich gegen ihn empörte und bei Caligula Hilfe suchte. Dieser rüstete 40 n. Chr. eine Expedition aus, beschränkte sich aber aufs Muschelsammeln, aufs Errichten eines Siegesdenkmals und einen Triumphzug. Der wenig später verstorbene König lebt fort, durch Galfred von Monmouth (IV 11 f.) vermittelt, in Shakespeares „Cymbeline".

Einen ernsthaften Versuch, Britannien zu gewinnen, unternahm Claudius. Die Lowlands wurden zwischen 43 und 48 n. Chr. erobert. Im Jahre 61 aber kam es zum Aufstand der Boudicca, der Witwe des Klientelkönigs über die Iceni, die Camulodunum, Verulamium und Londinium eroberte, dann aber den Legionen nicht gewachsen war und Gift nahm. Agricola, der Schwiegervater des Historikers Tacitus, stieß um 80 n. Chr. im Auftrag Domitians nach Schottland und Wales vor, wo Rom dennoch nie Fuß faßte, und umsegelte die Insel. Hadrian ließ eine Mauer (keinen Wall) von Küste zu Küste ziehen. Eine kurz während Nordverschiebung der militärischen Grenze unter Antoninus Pius und erfolgreiche Kämpfe unter Septimius Severus änderten nichts daran, daß die Highlands ebenso wie Irland außerhalb des Reiches blieben. Die Römer haben einmal einen Brückenkopf an der irischen Ostküste angelegt, ihn jedoch nicht genutzt. Politische oder ökonomische Bedeutung kam diesen Regionen nicht zu.

Im römischen Britannien hat sich die keltische Kultur ebensowenig behaupten können wie im angelsächsischen die römische. Lediglich in den Randgebieten wurde das Keltische weiter gesprochen und überdauerte hier allerdings sogar das Mittelalter (s. u.). Britannien war seit dem 4. Jahrhundert irischen und sächsischen Seeräubern ausgesetzt und geriet im 5. Jahrhundert unter die Herrschaft der Germanen. Damals flohen zahlreiche keltische Britannier in die Aremorica, die davon im 6. Jahrhundert den Namen *Britannia minor* – Bretagne erhielt. Hauptquelle ist die Klage des Latein schreibenden britischen Mönches Gildas aus dem 6. Jahrhundert über den Untergang Britanniens, dessen Leiden er durch die sündhafte Oberschicht verschuldet glaubte.

Länger als die politische Eigenständigkeit hielt sich ethnische Tradition der Kelten. Sie ist noch in der Spätantike und über sie hinaus lebendig. Die Dichter Ausonius (4. Jahrhundert) und Sidonius Apollinaris (5. Jahrhundert) in Südgallien bezeugen den Stolz auf keltische Herkunft bei Zeitgenossen senatorischen Standes, zumal wenn sie von den Häduern abstammten. Vorrömische Ortsnamen und Bestattungsbräuche lebten wieder auf. Es handelt sich indessen um ein römisch gefiltertes Keltentum, das sich kulturell und politisch zum Imperium bekannte. Umgekehrt respektierte Rom die Sitten der Völker im Reich. Wenn in den 533 n. Chr. publizierten Digesten des Corpus Juris Civilis (32, 11 pr.) unterstrichen wurde, daß Testamente nach römischem Recht auch dann gültig seien, wenn sie auf Keltisch (*lingua Gallicana*) abgefaßt seien, war das gewiß nicht nur eine im 6. Jahrhundert veraltete Bestimmung aus der Zeit Ulpians um 200 n. Chr. Aufregend daran ist, daß keltisch nicht nur gesprochen, sondern auch geschrieben wurde. Leider hat sich kein Text erhalten.

Die Verbreitung der keltischen Sprache in Gallien beweisen für die Zeit um 200 n. Chr. der Kirchenvater Irenaeus von Lyon, für das späte 4. Jahrhundert Sulpicius Severus und Hieronymus (s. o.), für das 5. Jahrhundert Sidonius Apollinaris. Ecdicius, der Sohn des Kaisers Avitus (455–456), bewog vornehme gallische Familien, das rauhe Keltisch mit dem eleganten Latein zu vertauschen. Keltische Namen verschwinden aus den Inschriften bereits im 3. Jahrhundert n. Chr. Den Sieg des Lateinischen bzw. des Romanischen brachte nicht die römische Verwaltung, sondern die katholische Kirche. Sie predigte im Westen auf Latein. Nur einige keltische Besonderheiten hielten sich. Dazu gehört, daß in Gallien die Entfernung nicht nach Meilen *(milia passuum)* von 1000 Doppelschritten (1,5 km), sondern nach *leugae* (frz. *lieue*) von 1500 Doppelschritten (2,2 km) gerechnet wurde.

Im Jahre 286 tauchen zum ersten Mal in Gallien die Bagauden auf. Das Wort ist keltisch und wird mit „Kämpfer" übersetzt. Es handelt sich um große Räuberbanden aus verarmten Bauern, entwichenen Sklaven und ehemaligen Soldaten. Wie sich hier soziale und ethnische Motive zueinander verhalten, ist schwer auszumachen. Ein Redner aus der Sammlung der „Panegyrici Latini" (X 4, 3) lobt 289 den Kaiser Maximianus Herculius in Trier, weil er einen Aufstand in Gallien teils durch Härte, teils durch Milde überwunden habe, als die „unwissenden Bauern Soldaten sein wollten, die Pflüger Fußkämpfer, die Hirten Reiter und die Landbevölkerung sich wie feindliche Barbaren benahm". Zwei Jahre später liefert ein anderer Redner (XI 5, 3) das Motiv: Die Bauern seien aufgebracht gewesen über die Rechtsbrüche der Regierung. Der Kirchenvater Salvian von Massilia im 5. Jahrhundert betrachtete die Bagauden als Barbaren, die den Opfern der geldgierigen und gnadenlosen römischen Verwaltung Zuflucht gewährten. Von ihren Anführern Aelianus und Amandus hat sich, wie die Münzfunde erweisen, zumindest der zweite zum Gegenkaiser aufgeworfen. Beide sind noch im 7. Jahrhundert als Märtyrer verehrt worden.

Im 4. Jahrhundert hören wir nichts von den Bagauden, aber im 5. Jahrhundert treten sie wieder ins Licht der Geschichte. 409 vertrieben die römischen Provinzialen in Britannien und Aremorica zuerst die Barbaren und dann die römischen Beamten, möglicherweise bei einem Aufstand der Kolonen. In der Komödie ‚Querolus' aus jener Zeit ist von den Räubern an der Loire die Rede, die dort in ihren „freien Wäldern" *iure gentium,* unabhängig von staatlichem Recht leben. 435 erhoben sich die Bagauden in *Gallia Ulterior* abermals unter ihrem Führer Tibatto, zwei Jahre später waren sie niedergeworfen. 448 folgte ein weiterer Aufstand. Zu diesem Jahre meldet eine gallische Chronik, der Arzt Eudoxius, verstrickt in die bagaudische Bewegung, sei zu den Hunnen geflohen. Dort könnte er Attila zu seinem Gallienzug geraten haben. Die römische Regierung hat germanische Föderaten gegen die Bagauden eingesetzt, die 441 bis 454 auch die *Tarraconensis* in Spanien beunruhigten. Bis zuletzt gelang es den Römern, ihre Gegner zu entzweien und gegeneinander auszuspielen.

In der spätantiken Wirtschaft treten die Galater als Sklavenhändler in Erscheinung. Julian spricht wie Amman (XXII

7, 8) meldet, von ihren Geschäften mit den Donaugoten, und auch der Dichter Claudian (XVII 59) nennt um 400 galatische Sklavenhändler.

Als die Römerherrschaft in der Völkerwanderung zusammenbrach, erlebten die Kelten eine Germanisierung. Den Raum nördlich der Alpen besetzten seit dem 3. Jahrhundert n. Chr. die Alamannen, seit dem 6. Jahrhundert die mit diesen verwandten Baiern (Die Schreibweise „Bayern" geht zurück auf König Ludwig I, der damit die Franken und Pfälzer einschließen wollte im Unterschied zu den hier gemeinten Altbaiern). Ihr Name wird in der Form *Baibari* zuerst im 6. Jahrhundert von Jordanes (Getica 280) genannt, die spätere Form *Baioarii* oder *Baiuvarii* bezeichnet sie als „Leute aus dem Boierland". Die Boier waren zwar Kelten, aber bereits im 1. Jahrhundert n. Chr. durch die Markomannen germanisiert, so daß der Landesname kein hinreichendes Argument für die keltische Herkunft der Bayern darstellt. Sie sprachen germanisch. Die Donaukelten waren unter dem Einfluß der Thraker, Sarmaten, Quaden und Markomannen verschwunden. Als im 6. Jahrhundert n. Chr. die Slawen auf die Balkanhalbinsel kamen, haben sie vermutlich keine Kelten mehr vorgefunden.

Die politische Geschichte der Kelten in der Antike endete mit ihrer Unterwerfung durch Rom, erlebte aber insofern ein Nachspiel, als die Bretagne sich gegen das Frankenreich der Merowinger wie der Karolinger behauptete. Zwar zahlten die Fürsten zeitweise Tribut, doch brachten sie den Franken auch empfindliche Niederlagen bei. Erst den Normannen gelang es, das Land zu unterwerfen. Dennoch blieb das 936 gestiftete Herzogtum weitgehend selbständig. Erst am 14. August 1532 kam es in Nantes zur *Union perpetuelle* mit der Krone von Frankreich.

15. Die iroschottische Mission

Das antike Keltentum endete kulturell mit der Hellenisierung im Osten und der Romanisierung im Westen, religiös mit der Christianisierung. Trotzdem hat es an den westlichen Rändern der Alten Welt überdauert und in Mittelalter und Neuzeit bemerkenswerte Renaissancen erlebt. Die scheinbar ausgestorbene Kultur lebte fort und entfaltete ihre Wirksamkeit auf drei Gebieten: auf dem der kirchlichen Mission, in der sakralen Buchmalerei und in der literarischen Mythologie. In allen Bereichen kam es zu Leistungen von europäischem Rang.

Zunächst zur Mission: In allen von den völkerwanderungszeitlichen Germanen überrannten Provinzen des Römischen Imperiums hatte sich eine elementare Zivilisation erhalten: die lateinische Sprache, ein wenn auch bescheidenes Stadtleben und vor allem das Christentum. Die Kirche war sogar in gewissem Sinne eine Gewinnerin in der politischen und ökonomischen Krise, denn sie konnte Besitz und Bestand nicht nur wahren, sondern vermehrte ihn und trug in wesentlichen Aspekten die kulturelle Kontinuität ins Mittelalter hinüber.

Eine Ausnahme machte Britannien. Die Sachsen, Angeln und Jüten unter Hengist und Horsa, um 450 durch den König Vortigern (?) auf die Insel geholt, waren Heiden. Sie plünderten die Kirchen und Klöster ebenso wie die Städte und Villen. Das kirchliche Leben erlosch. Ohne es zu beabsichtigen, bewirkten die Eroberer indessen die Christianisierung Irlands. Wie andere antike Randvölker – so die Goten in Südrußland, die Iberer in Georgien, die Mauren und die Äthiopier – lernten die Iren das Christentum durch römische Kriegsgefangene kennen. Nach seiner allerdings erst aus dem späten 9. Jahrhundert überlieferten Vita kam der junge britische Christ Patricius, später als der Heilige Patrick verehrt, schon im Jahre 405 gefangen auf die Grüne Insel. Verläßlich ist, daß Papst Coelestinus um 430 den Missionsbischof Palladius zu den irischen Schotten sandte.

Es entstand eine lebendige Klosterlandschaft, berühmt durch Glaubenseifer und asketische Strenge. Irischen Ursprungs sind die Tonsur und die Ohrenbeichte als Teil einer akribischen Bußordnung. Deren Bestimmungen sind teilweise grausam: Wer beim Essen spricht, erhält sechs Hiebe, ebenso wer beim Psalmlesen hustet oder beim Chorgebet lächelt. Wer vergißt, nach der Arbeit zu beten, erhält zwölf Schläge, desgleichen wer unnütz redet. Fünfzig Streiche bekommt, wer den Altar anstößt, wer einem Bruder widerspricht oder den Pförtner tadelt. Hundert erwarten den, der sein Opfer vergaß, ehe er zur Messe ging. In einzelnen Fällen konnte die Prügelstrafe durch gesteigertes Fasten oder verlängertes Schweigen abgelöst werden. Der Gebrauch des Wassers wurde begrenzt: Auch Brüder, die schmutzige Arbeit taten, durften sich nur sonntags waschen. Soweit die Bußregel Columbans (s. u.). Das Bußbuch der „Freunde Gottes" (Culdees) nennt als Bedingung dafür, eine Seele aus der Hölle zu retten: ein Jahr lang täglich 365 Vaterunser beten, ebenso viele Geißelhiebe ertragen und Kniebeugen machen, dazu einen Monat Fasten extra. Als Formen der Buße werden empfohlen: auf Nesseln, Nußschalen oder im Wasser schlafen, auch: die Nacht mit einer Leiche im Grab verbringen. Ein Kopist dazu: „Hart bist du, o Bußbuch!" Die von Caesar (VI 16) den heidnischen Kelten bescheinigte Religiosität setzt sich nach dem Glaubenswechsel fort.

Zu welthistorischer Bedeutung gelangten die Inselkelten durch die von Schotten aus Irland betriebene, darum iroschottische Mission. Einige wichtige Persönlichkeiten verdienen hier genannt zu werden: Der 597 verstorbene ältere Columba(nus) missionierte die Pikten in (dem damals noch nicht so genannten) Schottland, der jüngere Columbanus, der 615 starb, eröffnete die Reihe der iroschottischen Missionare auf dem Festland, wo er die Klöster Luxeuil (Burgund) und Bobbio (Norditalien) gründete. Zu den bekannteren Iroschotten gehören der um 630 gestorbene Columban-Schüler Gallus, auf den Sankt Gallen zurückgeht, und Kilian, der um 690 die Grundlagen für das Bistum Würzburg legte. Die iroschottische Mission schuf wesentliche Voraussetzungen für das Wirken von Bonifatius, der ebenfalls von den britischen Inseln stammte, aber aus Wessex – „Westsachsen" kam, mithin germanischer Herkunft war, wie sein Geburtsname Winfried bezeugt. Als Bonifatius 754 in Friesland erschlagen wurde, hatte er die fränkische Reichskirche rechts des Rheins organisiert.

In spätkarolingischer Zeit erschienen abermals Iren im Frankenreich, nun aber nicht als Missionare, sondern als Gelehrte. Um den durch die normannischen Piratenangriffe ungesicherten Verhältnissen in Irland zu entkommen – um 830 errichtete der Wikinger Turgesius den Stützpunkt Dublin –, suchten und fanden sie Aufnahme am fränkischen Hof. Johannes Scotus Eriugena, der „Schotte aus Irland", war einer der größten Geister seiner Zeit und leitete ab 847 die Hofschule Karls des Kahlen. Er schrieb griechisch ebenso wie lateinisch. Ebenfalls an der Hofschule, schon unter Ludwig dem Frommen, wirkte der irische Geograph Dicuil, der daneben Schriften über Grammatik, Zeitrechnung, Maße und Gewichte hinterließ. Sedulius Scotus verfaßte unter anderem einen Fürstenspiegel und gründete um 850 eine irische Kolonie in Lüttich. Die geistigen Verbindungen zwischen Irland und Belgien sind bis heute lebendig.

Ein glänzendes Kapitel der keltischen Kunstgeschichte ist die frühmittelalterliche Buchmalerei, genauer die Kalligraphie der Iren, die altkeltische Stilelemente aufnahm, weiterführte und zu unerreichten Meisterleistungen brachte. Als irische Neuerung gilt die Auszeichnung und Auszierung der Initialen, die mitunter eine ganze Buchseite mit geometrischem Flechtwerk bedecken. Vielfach sind stilisierte Tiere, Vögel und Fische ins Muster verflochten. Die keltische Buchkunst steht im Zusammenhang mit dem ornamentalen Tierstil der Völkerwanderungszeit. Über dessen Ursprung gibt es unterschiedliche Auffassungen. Auf verschiedenen Gebieten des Kunsthandwerks, in der Schmuckindustrie, auf Holz- und Steinreliefs finden sich Beispiele, die vom skythischen Raum über Nordeuropa – denken wir an das 1905 gefundene, in Oslo aufbewahrte Osebergschiff aus dem 9. Jahrhundert – bis nach Irland reichen und hier in der Illustration der Heiligen Schriften ihren Höhepunkt fanden. Wie bei Volkskunst gewöhnlich, bleiben die Kalligraphen der Prunkhandschriften namenlos. Eindrucksvolle Zeugnisse dieser Kunst sind das Buch von Durrow aus dem 7. Jahrhundert, das Evangeliar von Lindisfarne in Northumbria aus der Zeit um 700 und das unvollendete Buch von Kells aus dem 8. Jahrhundert.

16. Keltische Mythen

Wirkungsvoller noch als die Buchmalerei war die literarische Tradition, die in den irischen Klöstern gepflegt wurde. Sie galt nicht nur dem Kopieren sakraler Texte, sondern es entstanden auch zahlreiche Heiligenviten und Kirchenlieder. Die bis ins 7. Jahrhundert zurückreichenden Kirchenhymnen mit Endreim und Silbenzählung aus Irland stehen am Anfang der europäischen Reimpoesie. Ebenso erstaunlich wie erfreulich ist es, daß die Mönche die gälische Überlieferung aus vorchristlicher Zeit gesammelt und aufgezeichnet haben. So wie wir die germanische Edda und die antike Mythologie nicht besäßen, wäre sie nicht durch Geistliche gerettet worden, so verdanken wir auch die keltischen Sagen der Klostergelehrsamkeit der Iren.

Bei ihrer Sammeltätigkeit hat ein historisches Interesse mitgesprochen. Man wollte ein Defizit ausgleichen: Die Bibel und die griechisch-römische Historiographie boten den Mittelmeervölkern eine bis zur Schöpfung zurückreichende Geschichte, die in der Weltchronik Eusebs und seiner Fortsetzer ihre kanonische Form gefunden hatte. Für die Keltenwelt fehlte dies. Zwischen Japhet, dem Sohne Noahs, von dem gemäß der Bibel (1. Mose 10, 2) alle Nordvölker abstammen sollen, und der jüngsten, christlichen Vergangenheit klaffte eine Überlieferungslücke, die man mit den heidnischen Erzählungen füllen konnte. Sie waren insbesondere für die Verlängerung der Fürstenstammbäume willkommen. Das Wundersame an den Sagen war kein Einwand gegen ihre Glaubwürdigkeit, fehlt es doch auch in der Bibel an Mirakeln nicht; und das Heidentum mußte man nicht verhehlen im Stolz, es überwunden zu haben. Bisweilen distanziert sich ein Schreiber vom Geschriebenen, bringt es dankenswerterweise aber trotzdem zu Papier. Mehr als hundert Sagentexte haben sich erhalten, die ältesten Sammelhandschriften stammen aus der Zeit um 1100. Um ihre Erschließung haben sich namentlich Kuno Meyer (1858 bis 1913), Rudolf Thurneysen (1857 bis 1940) und Julius Pokorny (1887 bis 1970) verdient gemacht.

Die bekannteste irische Heldensage ist die „Tain bo Cuailnge", der „Rinderraub von Cuailnge", der Landschaft um Cooley Point an der Ostküste Irlands, nach der mythischen Geographie zu Ulster gehörig. Diese gälische Prosa-Erzählung entstand im 8. Jahrhundert n. Chr. und liegt in einer redigierten Fassung aus dem 11. Jahrhundert vor. Der Verfasser wollte anscheinend eine irische Aeneis schaffen, einzelne Elemente aus Vergil sind unverkennbar. Dennoch ist die Erzählung verworren und mit ihren zahlreichen Varianten nicht zu einer geschlossenen Einheit ausgestaltet worden. Viele Episoden erklären unverständliche Ortsnamen, die offenbar zur Zeit des Dichters in Gebrauch waren. Die Geschichte wird lose in die Weltchronik eingeordnet und soll zu Beginn des 1. Jahrhunderts n. Chr. gespielt haben; der Kaiser Nero wird einmal erwähnt.

Die Geschichte beginnt mit einem Kopfkissengespräch zwischen König Ailill von Connaught in Nordwestirland und seiner stolzen Gemahlin Medb. Beide loben sich; er sucht ihr klarzumachen, was sie an ihm habe; und sie kontert damit, wer sie sei. Das wäre den Männern bewußt; schließlich habe nicht er sie, sondern sie ihn erwählt, habe sie doch darauf bestanden, einen Ehemann zu finden, der keine Eifersucht verspüre, da sie die Liebhaber zu wechseln pflege. Dies erinnert an die aus der Antike bekannte „Damenwahl" der Keltenfrauen. Der Rangstreit verlagert sich auf einen Besitzvergleich, bei dem sich zeigt, daß beide genau gleichviel haben, abgesehen von dem schönsten Stier des Königs, dem „Weißhornigen", dem Medb nichts zur Seite stellen kann. Nun läßt sie nachforschen, ob es in Irland irgendwo einen ähnlichen Stier gebe, und hört von dem Braunen Stier zu Cuailnge in Ulster. Dieser Stier besprang täglich fünfzig Färsen, hundert Kriegern bot er Schatten, hundertundfünfzig Knaben konnten auf seinem Rücken spielen. Medb bietet dem König von Ulster durch eine Gesandtschaft hohe Gaben, darunter „die Freundschaft ihrer Schenkel". Aber vergebens.

Darauf beschließt die amazonenhafte Medb, den begehrten Stier zu rauben. Die Rinderzucht war ein wesentlicher Wirtschaftsfaktor der Zeit und Viehraub eine Heldentat. Medb nutzte die Gelegenheit, da alle Männer in Ulster an der wundersamen „Kindbettschwäche" darniederlagen. Diese kollektive Ohnmacht wird durch die Sage erklärt, daß die schöne junge Macha in hochschwangerem Zustand einst einen ihr aufgenötigten Wettlauf gegen Pferde gewann, im Ziel Zwillinge gebar und dabei einen Schmerzensschrei ausstieß, der die Zuschauer gelähmt habe. Nun prophezeite Macha, diese Kraftlosigkeit werde die Männer von Ulster hinfort jeweils fünf Tage und vier Nächte befallen, wenn eine Notlage eintrete. Der Rinderstreit war eine solche.

Ein einziger Jüngling aus Ulster war indes von dem Fluch ausgenommen: CuChulainn, der Enkel eines Druiden und Sohn eines Elfen. Dieser dann jung verstorbene Hirtenknabe, der in jedem Auge sieben Pupillen und an jeder Hand sieben Finger hat, hält das feindliche, aus den vier übrigen Fünfteln Irlands rekrutierte Heer der Medb und ihres Feldherrn und Liebhabers Fergus an einer Furt auf. Vor dem Kampf zeigt er seine Geschicklichkeit in unglaublichen Kunststücken, indem er mit neun Schwertern jongliert, Luftsprünge macht, ohne auf die Erde zurückzufallen, und ähnliches. Dann tötet er mit seiner Holzschleuder je dreißig oder hundert Gegner auf einmal, deren abgeschlagene Köpfe er den Feinden entgegenhält. Auch dies gemahnt an Keltenbrauch der Antike.

Wenn die berserkerhafte „Wutverzerrung" über CuChulainn kommt, dann zittern seine Glieder, der Körper dreht sich in der Haut, die Zornadern treten groß wie Kinderköpfe vor seine Stirn. Ein Auge schluckt er, so daß es kein Kranich herausfischen kann, das andere tritt aus der Höhle hervor, Lunge und Leber flattern ihm aus dem Munde. Feuer sprüht aus seinem Hals, sein Herzpochen gleicht dem Löwengebrüll, sein Haar sträubt sich so, daß Äpfel darauf stecken bleiben. Nichts und niemand kann ihn aufhalten, außer Frauen, die ihm entblößt entgegentreten. Dies geschieht. Um ihn abzukühlen, muß man ihn in Fässer mit kaltem Wasser stecken. Das erste birst vor Hitze, das zweite kocht auf zu faustgroßen Blasen und erst das dritte temperiert den Recken auf 37 Grad Celsius.

Es folgen Zweikämpfe an der Furt. Enden sie unentschieden, verabschieden sich die Kämpfer mit einem Kuß. In der Regel aber siegt der junge Held, teilweise mit magischen Waffen. Um Kämpfer gegen ihn zu finden, verheißt Königin Medb nicht nur ihre Tochter, sondern wieder ihre eigenen Lenden als Lohn. Einmal muß CuChulainn fliehen – die Rosse seines Streitwagens sind so schnell, daß sie seinen eigenen Schleuderstein im Fluge einholen. Schließlich sind die Männer von Ulster von ihrer magischen Entkräftung genesen und schlagen das Heer der Königin in die Flucht. Dazu bemerkt ihr Feldherr Fergus: „Eine Herde Rosse, von einer Stute geführt, ist immer übel dran." Am Ende gehen die beiden Stiere, der „Braune" und der „Weißhornige", selbst aufeinander los und töten sich gegenseitig. Ein Friedensschluß über sieben Jahre beendet den Zwist (nach Thurneysen 1921).

Neben der gälischen gibt es kymrische Literatur aus dem mittelalterlichen Wales. Ob die ältesten, angeblich aus dem 6. Jahrhundert n. Chr. stammenden Heldenlieder von Taliesin und Aneirin über das 9. Jahrhundert n. Chr. zurückreichen, ist ungewiß. Die erhaltenen Texte stammen erst aus dem Hochmittelalter (13. Jahrhundert). Das bedeutendste Prosawerk ist das „Mabinogion" (Bardenschülerbuch) aus dem 13. Jahrhundert. Es enthält in seinen elf Erzählungen auch Artus-Stoffe (s.u.), darunter die Sage von Parzival in einer Überlieferung, die von der romanischen Tradition wahrscheinlich unabhängig ist und mit dieser aus denselben Quellen schöpft.

Reicher als die auf Gälisch oder kymrisch überlieferten Stoffe der frühmittelalterlichen Kelten sind die auf Lateinisch und Französisch tradierten Geschichten. Im frühen 12. Jahrhundert schrieb der aus Monmouth in Süd-Wales stammende, als Magister in Oxford lehrende Galfred oder Geoffrey. Seine „Historia Regum Britanniae" ist eine unkritische Kompilation aus antiker historischer Literatur und britannischem Erzählgut. Dazu gehört die von Galfred in die vorchristliche Zeit versetzte, angeblich kurz vor der Gründung Roms vorgefallene Geschichte von König Lear: Er regiert in Leicester über Britannien und vermacht im Alter sein Reich zwei Schwiegersöhnen, den Herzögen von Schottland und Cornwall. Sie empören sich, vertreiben Lear nach Gallien, wo er bei seiner Tochter Cordelia, die er verstoßen hat, Aufnahme findet. Deren Mann, König Aganippus, führt Lear siegreich nach Britannien zurück. Nach seinem Tode übernimmt Cordelia die Herrschaft gemäß keltischem Recht, wird aber nach fünf Jahren von ihren Neffen gestürzt, die keiner Frau gehorchen wollen. 1606 verschaffte Shakespeare mit seiner Tragödie „King Lear" der Erzählung Weltruhm.

Dem Werk Galfreds verdanken wir ebenfalls die älteste Fassung der Sage von König Artus, der wirkmächtigsten Gestalt der keltischen Literatur. Wir kennen Artus unter seiner französischen Namensform, ursprünglich heißt er Arthur, latinisiert Arthurus. Die Tafelrunde, die erst der französische Übersetzer Galfreds – wohl aus keltischer Tradition – hinzugefügt hat, ist der Mittelpunkt eines großen Sagenkreises, der wie kein anderer die höfische Kultur des christlichen Mittelalters belebt hat. Enger als CuChulainn und Lear ist Artus mit der Geschichte verbunden, wenn auch die Überlieferung, daß er als *rex belligerus* oder *dux bellorum* in zwölf Schlachten, die letzte am Mons Badonis, die Sachsen besiegt habe, erst dreihundert Jahre später, um 826, in der „Historia Brittonum" des Nennius die uns vorliegende Form gefunden hat. Nennius erzählt, daß Artus ein von seiner Pilgerfahrt aus Jerusalem mitgebrachtes Marienbild auf den Schultern trug und an einem Tage 960 Feinde niederstreckte. Die Geschichtsschreiber, bei denen seine Nennung zu erwarten wäre, ums Jahr 700 Beda Venerabilis und um 540 Gildas, übergehen Artus. Kannten sie ihn nicht oder gab es ihn nicht?

Die im 12. Jahrhundert entstandene Lebensbeschreibung des Gildas durch Caradocus Lancabarnensis hat die Lücke gefüllt und berichtet ausführlich über die Begegnung des Heiligen mit dem *rex universalis Britanniae* Arthurus, der den Bruder des Gildas getötet habe, aber nach gezeigter Reue mit dem Versöhnungskuß entlassen worden sei. Später habe Gildas Frieden zwischen Arthur und seinem Neffen gestiftet (s. u.). Die chronikalische Überlieferung weiß von dem Hügelgrab des Sohnes Arthurs, daß es bei jeder Messung seine Größe verändere, und von einem Steindenkmal für Arthurs Jagdhund Caball. Er habe bei der Jagd auf den Eber Troynt in einem Felsen seine Fußspur abgedrückt. Darauf habe Arthur dort einen Steinhaufen angelegt, dessen Brocken, wie weit man sie auch wegschleppe, in der nächsten Nacht wieder zurückflögen. An die Figur des Artus haben sich offenbar verschiedene Legenden geheftet, deren Phantastik den Historiker zur Vorsicht mahnen sollte. Die Unbefangenheit, mit der Artus noch in neueren Werken als historische Figur behandelt wird, ignoriert ein Jahrhundert historischer Kritik.

Eine literarische Bearbeitung der Artus-Tradition in lateinischer Prosa verdanken wir Galfred von Monmouth (Bücher VIII–XII). Auch wenn die Verklärung des britischen Helden so etwas wie geistigen Widerstand gegen die herrschenden Normannen spüren läßt, haben sich diese dennoch den Stoff angeeignet. Chrétien de Troyes (gest. 1190) verfaßte den französischen Artusroman, deutsche Fassungen von Artusstoffen liefern uns Hartmann von Aue, Gottfried von Straßburg und Wolfram von Eschenbach; kanonisch wurde dann Thomas Malory um 1470 mit seinem Werk „Morte d'Arthur". Daß Artus Kelte war, geriet allerdings in Vergessenheit.

Die Sage lautet in Kürze: Artus wird nach einem Gottesurteil in Caerleon, dem Römerlager *Castra Legionis*, in der Grafschaft Monmouthshire beim Fest der Wintersonnenwende zum König gekrönt, bezwingt im Vertrauen auf Christus die Sachsen, Picten und Scotten und macht sich zum Herrn von ganz Britannien einschließlich Irlands, erobert Island und Gotland und beschließt, Europa zu unterwerfen. Norwegen, Dänemark und Gallien werden besiegt und an Vasallenkönige vergeben. Danach hält Artus in Caerleon einen glänzenden Hof mit Tafelei und Turnier, bis ihn der römische Senat durch einen Boten zur Unterwerfung aufruft. Artus zieht nun gegen den „Kaiser von Rom" nach Gallien und erobert Burgund. Herrschaft und Gemahlin hat er seinem Neffen anvertraut, der sich bald beider bemächtigt, aber von dem siegreich heimkehrenden Artus geschlagen und getötet wird. Der König, selbst schwer verwundet, wird nach Avalon, auf die Insel der Seligen entrückt, wo ihn die Fee Morgane gesundpflegt. Von dort kehrt er dereinst, „wenn die Zeit erfüllt ist", zurück, um sein Volk zu befreien. Dieses Kyffhäusermotiv, in Deutschland mit Barbarossa, zuvor mit Friedrich II von Hohenstaufen verbunden, findet sich im islamischen Glauben an den Mahdi und geht zurück auf die jüdisch-christliche Messiaserwartung.

Artus und seine Helden werden in keltischer Manier durch phantastische Übertreibungen gekennzeichnet. Der König führt ein auf Avalon geschmiedetes Schwert mit Namen Caliburn – bei Malory heißt es Excalibur, das auch in der „Tain bo Cuailnge" vorkommt. Er tötet Hunderte von Feinden, er schlägt die unüberwindliche Schwarze Hexe; einer seiner Getreuen trinkt einen See aus, so daß 300 Schiffe auf dem Trokkenen sitzen. Dazu bemerkte ein kritischer Zeitgenosse: Bei Galfred ist der kleine Finger des Königs Artus stärker als die Lenden Alexanders des Großen. Artus zählte zu den seit dem 13. Jahrhundert oft – so auf dem Schönen Brunnen zu Nürnberg – dargestellten Neun Helden. Neben Karl dem Großen und Gottfried von Bouillon war er einer der drei christlichen Helden, denen die drei Juden: Josua, David und Judas Makkabäus und die drei Heiden: Hektor, Alexander und Caesar zur Seite standen. In vielen Städten West- und Mitteleuropas, bis hin nach Danzig und Thorn, entstanden im 13. und 14. Jahrhundert „Artushöfe" für Feste und Turniere.

Unter den Helden der Tafelrunde ist der Zauberer Merlin wahrscheinlich eine Schöpfung Galfreds. Von einem Dämon und einer Jungfrau gezeugt, prophezeit er in Gleichnissen wie später Nostradamus, darunter den Sieg über die Sachsen, noch ehe Artus geboren ist. Merlin bewerkstelligt die trügerische Begegnung von dessen künftiger Mutter mit ihrem Geliebten und die Erhebung von Artus zum König. Der Fee Viviane verfallen, wird er von dieser in einen Wald gebannt, nachdem er einen Schrei aus dem Schlehdorn ausgestoßen hat, der eine neue Geschichte eröffnet.

Durch den kurz vor 1190 fertiggestellten „Conte du Graal" des Chrétien de Troyes wurden dann auch Parzival und die

Gralssage mit der Artusrunde verknüpft. Hier steht das Ideal des christlichen Ritters im Mittelpunkt, eigentlich Keltisches ist schwer zu greifen, zumal nun, im Zeitalter der Kreuzzüge, auch orientalische Einflüsse wirksam werden. Die Schilderung des großen Festes am Hofe von Artus bei Wolfram von Eschenbach im 14. Buch seines um 1208 vollendeten Epos „Parzival" verknüpft die Kulturwelt des Kontinents mit dem keltischen Schauplatz. Eine bretonische Fassung der Gralslegende ist das schöne französische Märchen von Peronnik dem Einfältigen. Der Gral, bei Chrétien die Schale, in der Joseph von Arimathia das Blut des Gekreuzigten auffing, bei Wolfram ein geweihter Stein aus der Krone Luzifers, ist ein heilbringender, wunderwirkender Talisman, dessen Übergabe einen Herrschaftswechsel symbolisiert.

Ebenfalls durch französische Dichter mit der Artuswelt verknüpft wurde die in Cornwall spielende Geschichte von Tristan und Isolde, die berühmteste Liebestragödie des Mittelalters. Ihre keltische Urfassung ist hinter der Bearbeitung noch erkennbar: Der Harfner und Ritter Tristan besiegt einen Unhold und wird, ähnlich wie Artus, als Verwundeter aufs Meer getrieben, von einer liebevollen Inselfee geheilt. Zurückgekehrt verfällt er, durch einen Zauber betört, der sterblich in ihn verliebten Isolde, der Gemahlin seines Oheims, des Königs Marke. Isolde bewegt den zum Tafelritter erhobenen Tristan, zu Artus auf das große Pfingstfest zu gehen, wo er im Turnier einen Sarazenen besiegt und ihn für den christlichen Glauben gewinnt. Auf der Flucht vor dem betrogenen König Marke bestehen die Liebenden in einem langen Waldleben zahlreiche Abenteuer, finden aber schließlich gemeinsam den Tod. Der Tristanstoff wurde oft literarisch behandelt, 1210 durch Gottfried von Straßburg, um 1470 von Thomas Malory in seinem genannten Buch „Morte d'Arthur" und 1553 von Hans Sachs.

17. Kelten im Humanismus

Im 14. Jahrhundert verloren die Klöster Europas ihren Vorrang als Träger von Bildung und Wissenschaft. Die teils städtische, teils höfische humanistische Bewegung wandte sich der älteren Vergangenheit zu. Auch in Irland begegnen uns fortan bürgerliche Kopisten mythologischer Handschriften. Auf dem europäischen Festland dominiert die Begeisterung für die griechisch-römische Antike, doch verband sich dies mit einem Interesse an der jeweiligen nationalen Vergangenheit. Es ging nicht nur um das gemeinsame kulturelle Fundament Europas, sondern zugleich um die individuelle Geschichte des eigenen Volkes.

Bei der Suche nach den Wurzeln stieß man unvermeidlich auf die Kelten. Die Erinnerung an sie stiftete neue politische Identitäten. Im Bestreben, sich vom alemannisch-deutschen Kulturerbe abzugrenzen, entdeckten Schweizer Humanisten in den Helvetiern ihre angeblichen Vorfahren: Heinrich Brennwald (gest. 1551) deutete den Schwabenkrieg der Eidgenossen gegen den Schwäbischen Bund und das Haus Österreich, der 1499 zum faktischen Verzicht Maximilians auf die Reichszugehörigkeit der Schweiz führte, als Wiederholung des Kampfes der Helvetier gegen die Germanen, und Aegidius Tschudi (gest. 1572) titulierte seine Schweizergeschichte „Chronicon Helveticum". Der Begriff „Helvetismus" bezeichnet Besonderheiten der Schweiz im Unterschied zum deutschen und romanischen Kulturkreis.

Urständ feierten ebenso die Gallier. Kardinal Richelieu (gest. 1642) erklärte in seinen Memoiren, er habe das gegenwärtige Frankreich (*la France*) in Einklang bringen wollen mit dem antiken Gallien (*l'ancienne Gaule*), dem er einen gallischen König und seine natürlichen Grenzen zurückgeben wollte. Während der Französischen Revolution entdeckte der Abbé Emanuel Joseph Graf Sieyès in den Kelten und Römern die Vorfahren des Dritten Standes. In seiner Programmschrift von 1789 „Qu'est-ce que le tiers état?" forderte er dazu auf, die „Nation zu reinigen" und den auf seine fränkische Abkunft stolzen Adel Frankreichs in die germanischen Wälder zurückzujagen. Damit kehrte er die Vorstellung Montesquieus um, der in eben diesen Forsten die Wurzeln der Freiheit, einst vom römisch-imperialen, nun vom bourbonisch-absolutistischen Joch erblickt hatte. Der Vorschlag, statt *La France* den Namen *La Gaule* zu erneuern, scheiterte. Die Keltenmode im napoleonischen Frankreich bewog den Münchener Geheimen Staatsarchivar Vinzenz von Pallhausen (gest. 1817), mit der angeblich keltischen Verwandtschaft zwischen Baiern und Franzosen den Rheinbund historisch zu rechtfertigen.

Humanistisch gebildete Juristen in England griffen zurück auf die Bezeichnung „Britisch", als 1603 der Schotte Jakob I, der Sohn der Maria Stuart, die englische Krone Elisabeths I erbte und beide Reiche in Personalunion verband. Im Jahre 1707 erweckten die humanistisch gebildeten Vertreter der vereinigten Parlamente von England und Schottland den Namen (*Great*) *Britain* wieder zum Leben. Dies brachte die Einheit der Insel zum Ausdruck, auch wenn die wenigen Nachkommen der eigentlichen Britannier marginalisiert waren und blieben.

Im 18. Jahrhundert erlebten die längst vergessenen keltischen Belgen ihre Auferstehung, und zwar in der Frontstellung der Vereinigten Niederlande gegen Österreich. So wie der Name der Helvetier den Unterschied zwischen den alamannischen und den romanischen Eidgenossen kaschiert, wie der Name „Britannien" den Gegensatz zwischen Engländern und Schotten überbrückt, so verbindet der Name „Belgien" die Flamen und Wallonen. Am 11. Januar 1790 erklärten sich die *Etats Belgiques Unis* für unabhängig, doch dauerte es mit der internationalen Anerkennung bis 1839.

Sichtbaren Ausdruck fand die politische Keltophilie in den Bronzedenkmälern für die „Widerstandskämpfer" gegen Rom. Ambiorix steht seit 1866 auf dem Marktplatz in *Aduatuca Tungrorum* – Tongern, Boudicca posiert seit 1902 im Streitwagen in London vor dem Parlament, und Vercingetorix beschwört die Einigkeit der Franzosen auf dem ihm schon von

Abb. 12: Vercingetorix-Denkmal auf Alesia.

Napoleon III errichteten, am 27. August 1865 eingeweihten Monument über Alesia (s. Abb. 12). Es trägt die aus Caesar (VII 29, 6) entlehnte, oben (S. 67) zitierte und verdeutschte Inschrift: *La Gaule unie formant une seule nation animée d'un même esprit peut defier l'univers. Vercingétorix aux Gaulois assemblés. Napoléon III à la mémoire de Vercingétorix.* Der Held trägt die Gesichtszüge des Kaisers, nur der herabhängende Schnurrbart ist keltifiziert, obschon die 27 erhaltenen antiken Goldmünzen des Vercingetorix einen bartlosen Jünglingskopf zeigen.

18. Keltenromantik

Neben der politischen Wirkungsgeschichte des Keltentums ist die kulturelle nicht zu vergessen. In der Epoche des Sturm und Drang war der Rückgriff auf den Keltengeist verknüpft mit Ossian oder Oisean, dem blinden Sohne des Fürsten Finn oder Fingal. Dieser inselkeltische Sänger lebte gemäß der Legende in der Zeit Caracallas um 200 n. Chr. und verdankt seinen Ruhm dem schottischen Lehrer James Macpherson (gest. 17. Februar 1796), der 1762 das Epos „Fingal" herausgab. Es folgten „Temora" und einige kleinere Gesänge. Diese „Fragments of Ancient Poetry", angeblich aus mündlicher Überlieferung gesammelt und aus dem Gälischen ins Englische übertragen, wurden 1782 durch Schillers Freund Johann Wilhelm Petersen „neuverteutschet" und lösten eine literarische Lawine aus.

Goethe läßt Werther am 12. Oktober 1772 seinem Freund Wilhelm schreiben: „Ossian hat in meinem Herzen den Homer verdrängt. Welch eine Welt, in die der Herrliche mich führt! Zu wandern über die Heide, umsaust vom Sturmwinde, der in dampfenden Nebeln die Geister der Väter im dämmernden Lichte des Mondes hinführt. Zu hören vom Gebirge her, im Gebrülle des Waldstroms, halb verwehtes Ächzen der Geister aus ihren Höhlen, und die Wehklagen des zu Tode sich jammernden Mädchens, um die vier moosbedeckten, grasbewachsenen Steine des Edelgefallnen, ihres Geliebten. Wenn ich ihn dann finde, den wandelnden grauen Barden, der auf der weiten Heide die Fußstapfen seiner Väter sucht und, ach, ihre Grabsteine findet und dann jammernd nach dem lieben Sterne des Abends hinblickt, der sich ins rollende Meer verbirgt, und die Zeiten der Vergangenheit in des Helden Seele lebendig werden, da noch der freundliche Strahl den Gefahren der Tapferen leuchtete und der Mond ihr bekränztes, siegrückkehrendes Schiff beschien. Wenn ich den tiefen Kummer auf seiner Stirn lese, den letzten verlassenen Herrlichen in aller Ermattung dem Grabe zuwanken sehe, wie er immer neue, schmerzlich glühende Freuden in der kraftlosen Gegenwart der Schatten seiner Abgeschiedenen einsaugt und nach der kalten Erde, dem hohen, wehenden Grase niedersieht und ausruft: „Der Wanderer wird kommen, kommen, der mich kannte in meiner Schönheit, und fragen: ‚Wo ist der Sänger, Fingals trefflicher Sohn?' Sein Fußtritt geht über mein Grab hin, und er fragt vergebens nach mir auf der Erde" – O Freund! ich möchte gleich einem edlen Waffenträger das Schwert ziehen, meinen Fürsten von der zückenden Qual des langsam absterbenden Lebens auf einmal befreien und dem befreiten Halbgott meine Seele nachsenden."

Goethe gesteht damit seinen eigenen, im Winter 1770/71 durch Herder in Straßburg ausgelösten Keltenrausch, der ebenso die Dichter des Göttinger Hainbunds, Lenz, Tieck und Novalis, erfaßte. Selbst Napoleon war über Goethes „Werther" an Ossian geraten. 1801 schuf Anne Louis Girodet de Roucy-Trioson, ein Schüler von Jacques-Louis David, ein romantisches Gemälde, das die Aufnahme des Korsen in Ossians Heldenhimmel zeigt. Napoleon seinerseits beauftragte 1811 den Maler Ingres, ihm für sein künftiges Schlafzimmer im Quirinalspalast zu Rom ein Bild mit dem „Homer des Nordens" zu malen. 1813 war der heute in Montauban hängende „Traum Ossians" vollendet: Der Sänger erschaut seinen Vater Fingal, seinen Sohn Oskar und dessen Geliebte Malvina. Die Popularität des Namens „Oskar" legt bleibendes Zeugnis für die Wirkung Ossians ab. Ironischerweise aber ist der Name nicht keltisch, sondern germanisch, die angelsächsische Form von Ansgar (Der Name des 1929 gestifteten Filmpreises „Oscar", der in Hollywood verliehen wird, beruht auf dem Ausruf einer Sekretärin, die in der Statuette ihren Onkel gleichen Namens zu erblicken meinte).

Wenn Macpherson die Ehre widerfuhr, in der Poets' Corner der Westminster-Abtei bestattet zu werden, geschah das mit höherem Recht, als man damals meinte. Denn es handelt sich, wie schon Samuel Johnson (gest. 1784) erkannt hatte, um frei gestaltete Um- und Nachdichtung auf schmaler Quellenbasis. Volker Mertens spricht daher von dem „größten literarischen

‚Fälscher' der Weltliteratur", der die fingierte Authentizität urzeitlicher Originalpoesie benutzt hat, um dem schottischen Nationalbewußtsein in der mythischen Überlieferung das Fundament zu geben, das die herrschenden Engländer in ihrer so erfolgreichen Geschichte besaßen. Das Muster war Homer, der ja schon die Römer inspiriert hatte, ein eigenes Nationalepos dagegenzusetzen, wie erst Ennius und dann Vergil zeigen. Macpherson traf mit dem heroischen Weltschmerz seiner Lieder einen Nerv der Zeit, so daß er als verborgenes Originalgenie das darstellt, was er als bloßer Vermittler von echtem Keltengeist nicht sein konnte.

Während die frühen Dichter, deren Namen oder Quellen unbekannt sind, ihren Rang als Träger des Volksgeistes behaupten, sind die jüngeren der Kritik ausgesetzt, wenn sie mehr versuchen, als bloße Gelehrsamkeit wiederzugeben. Ähnlich wie dem genannten Macpherson ging es dem tschechischen Nationalisten Wenzel Hanka, der 1818 die Königinhofer und später die Grüneberger Handschrift herausgab, Gedichte aus der tschechischen Heiden- und Heldenzeit um Libussa, die Gründerin von Prag, und damit auf Goethe, Jacob Grimm, Chateaubriand und andere europaweit Eindruck machte, bis die Fälschung 1824 ans Licht kam und der fortgeschrittene historisch-kritische Zeitgeist dem Autor den Rückzug in die dichterische Freiheit verbaute. Das 1835 von Elias Lönnrot herausgegebene, 1849 erweiterte finnische Nationalepos „Kalewala" scheint hingegen substantiell authentisch und nur redaktionell bearbeitet. Es war für die Entstehung des politischen Finnentums grundlegend.

Im 19. Jahrhundert ist die Opernbühne vielfältig mit dem Keltengut verbunden. 1831 präsentierte Vincenzo Bellini in Mailand seine Oper „Norma". Diese Tochter eines Druiden liebt den römischen Proconsul Galliens, der seinerseits die germanische Irminsul-Priesterin Adalgisa bevorzugt. Ist hier nur das Milieu keltisch, so ist es bei Richard Wagners „Tristan und Isolde", 1865 in München uraufgeführt, ebenso die Handlung, allerdings in der durch Gottfried von Straßburg veränderten Form. Wagner nutzt in seinem „Parsifal", zuerst

1882 als „Bühnenweihespiel" in Bayreuth gegeben, die Vermittlung des Minnesängers Wolfram von Eschenbach, wendet sich allerdings gegen dessen Behandlung des Stoffes. Der Komponist stellt die Mitleidslehre Schopenhauers in christlichem Gewande dar. Die beiden Merlin-Opern, Wien 1886 von Karl Goldmark und Berlin 1887 von Philipp Rüfer, hatten nur zeitweise Erfolg, ebenso das 1908 mit zwei Schillerpreisen gekrönte neuromantische Drama „Tantris der Narr" von Ernst Hardt. Unter den Prosabearbeitungen der Artusmär seien die „Idylls of the King" von Alfred Tennyson (1859) genannt, er will den Kampf der Seele gegen die Sinne symbolisieren.

Trotz des Wiederauflebens keltischer Reminiszenzen im 19. Jahrhundert haben die keltischen Idiome weiter an Sprechern verloren. Schon Johann Gottfried Herder hatte 1784 ihr Schwinden beobachtet und beklagt. Die Zahl der keltisch Redenden ist unter zwei Millionen gesunken, wobei alle Betroffenen gewiß auch eine Verkehrssprache beherrschen. Hinderlich war, daß es kein Hochkeltisch gibt. Das in vier Dialekten in der Bretagne gesprochene Bretonisch ist weitgehend erloschen, doch gibt es eine von bewußten Volkskundlern gepflegte Literatur. Die irische Sprache ist von der 1893 gegründeten Gälischen Liga wiederbelebt worden, es entstand eine umfangreiche Literatur im Zeichen des *Celtic Dawn*, doch haben alle bedeutenden Autoren Irlands englisch geschrieben, so Jonathan Swift, Bernard Shaw und James Joyce. Die Gründung der Republik Irland am 6. Dezember 1921 hat zwar die politische, nicht aber die kulturelle Lösung von England gebracht.

Auch dort kümmern die Keltensprachen. Das in mehreren Dialekten überlebende Kymrisch (Welsh) in Wales hat als Literatur- und Kirchensprache noch eine vergleichsweise große Bedeutung. Die Zahl derer, die es noch beherrschen, betrug 1961 noch über eine halbe Million. Das schottische Gälisch ist seit dem Mittelalter auf dem Rückzug vor dem Englischen, erlebte aber im 18. Jahrhundert eine Literaturblüte. Die letzte Frau, die das einst in Cornwall verbreitete Kornisch gesprochen hat, Dolly Pentreath, starb 1877 in Mousehole. Das

Manx-Gälische der Insel Man wurde 1950 noch von zehn Leuten verstanden.

In unserem Jahrhundert hat das Interesse an den Kelten neue, bisweilen bizarre Formen angenommen. Das Geheimnisvolle, das einem versunkenen Volk allemal anhaftet, wird gesteigert durch den Reiz der keltischen Ornamentik, die den Zauber des *Celtic Revival* im Kunsthandwerk ausmacht, und durch die hintergründige Mystik der keltischen Religion, die dem Bedürfnis nach Exotik innerhalb Europas entgegenkommt. Namentlich das Druidenwesen beflügelte die Phantasie zu einem wildwuchernden Keltenkult mit esoterischen Ritualen, aber respektablen Idealen. Die Reichs-Groß-Loge der Freimaurer, zubenannt „Vereinigter Alter Orden der Druiden in Deutschland" (V. A. O. D.) führte sich auf das Jahr 1781 zurück und war mit seinen Bruderlogen in „allen Ländern der Welt mit germanischer Bevölkerung" (Rechtshort 2, 1906) verbreitet. Zwischen Kelten und Germanen machte man, wie in der Zeit vor Poseidonios, keinen Unterschied. Während man aber damals die Germanen als Teil der Kelten betrachtete, wurden nun die Kelten von den Germanen eingemeindet. Am 16./17. Juli 1906, das heißt am Vorabend zum Jahrestag des Keltensieges an der Allia 387 v. Chr., trafen sich im nordenglischen Hull Neudruiden aus England, Deutschland, Schweden, Amerika und Australien zur 125-Jahr-Feier und erließen eine Resolution zugunsten der Völkerfreundschaft. Der Orden umfaßte damals 131 544 Mitglieder. 1908 wurde Winston Churchill Bruder in der Freimaurerloge „Albion Lodge of the Ancient Order of the Druids".

Heute zelebrieren die neuheidnischen *Pagans* in Großbritannien Sonnwendfeiern in Stonehenge und fordern Gleichberechtigung mit den christlichen Konfessionen in den Medien. Der „Order of the Bardes, Ovates (irrig gebildet aus griechisch *ouatês*, lateinisch *vates*) and Druids" floriert indes nicht nur jenseits des Kanals. Nach einer durch die Germanenromantik der 30er und 40er Jahre bedingten Ebbe steigt die Keltenflut wieder kontinuierlich. Der Buchhandel bietet allein zehn Zeitschriften, die das Wort „Druide" im Titel führen, und dreißig

Monographien vom Typus: Das geheime Wissen der Kelten; Merlyns Lehren; Das heilige Feuer und die magische Weisheit der Druiden. Englisch entsprechend: Celtic Mysteries; Omens, Oghams and Oracles; Wyda Easy; Druids and Witches. Der Keltenwahn bereichert den deutschen Wortschatz um Prägungen wie Druidentor, Druidenzauber, Druidenstein, Druidenzirkel, Druidenkraft. Einen politischen Hauch atmet die Keltenmode im Regionalismus der jüngsten Zeit zumal in Bayern, Österreich und der Lombardei. Die Kelten sind seit 1945 attraktivere Vorfahren als die Germanen. Der Münchener Historiker Karl Bosl bezeichnete 1971 die Bayern als ein „keltisch bestimmtes Mischvolk", der österreichische Bundeskanzler Dr. Bruno Kreisky nannte seine Landsleute Nachkommen der Kelten, so im August 1975 in dem Magazin „Playboy".

Die jüngsten literarischen Erscheinungen der Keltomanie sind die Erzählungen des Professors für Ältere englische Literatur John Ronald R. Tolkien (1892–1973), der mit seinem Buch „The Lord of the Rings" (1954) eine eigene, keltisch inspirierte Mythologie geschaffen hat, und die Fantasy-Welle, vertreten durch Marion Zimmer Bradley mit ihrem Roman „The Mists of Avalon" (1982; 20. Auflage 1997). Tankred Dorst verwendete 1985 den Merlin-Stoff zu seinem gleichnamigen apokalyptischen Bühnenstück.

Keltentaten für die Jugend offerieren die Comic-Serien „Prinz Eisenherz" sowie „Asterix". Diese 1959 von dem Texter René Goscinny und dem Zeichner Albert Uderzo geschaffenen Figuren der Kinderbuch-Literatur stehen gattungsgeschichtlich in der Tradition von Walt Disneys Mickey Mouse und erfreuen sich einer ähnlichen Beliebtheit. Asterix (von *astérisque* – Sternchen) ist der kleine listige Gallier mit dem historisch korrekten Schnurrbart, Obelix (von *obélisque* – Obelisk, Menhir) sein bärenstarker, aber tölpelhafter Freund, Panoramix (von Panorama) der Seher und Druide (in der deutschen Fassung Miraculix), Abraracurcix (*à bras racourcis*) der „die Ärmel aufkrempelnde" Häuptling (deutsch Majestix), und Assourancetourix (*assurance à tous risques*) der „auf Nummer Sicher gehende" Barde (deutsch Troubadix), dem keiner zuhören will, weil er eben keine Comics liefert. Sie führen die römische Besatzungsmacht an der Nase herum und erleben die größten Abenteuer. Die Geschichten verarbeiten antiquarisch erstaunlich genau recherchierte Überlieferung, die freilich anachronistisch kompiliert und *ad usum Delphini* gesiebt ist. Menschenopfer und Kopfjagd finden nicht statt. Die Autoren appellieren mit dem Rückgriff auf die keltische Antike an ein liebenswert ironisiertes französisches Identitätsbedürfnis, das zeigt, wie in wechselnden Formen und schwankender Stärke die Geschichte uns immer wieder einholt.

Literatur

D. F. Allen, The Coins of the Ancient Celts, 1980

Antja Bartel (u. a.), Ein frühkeltischer Fürstengrabhügel am Glauberg im Wetteraukreis, Hessen, 1998 (separat erschienener Sonderdruck aus: Germania, 75, 1997, S. 459 ff.)

P. La Baume, Keltische Münzen, 1960

J. Biel, Der Keltenfürst von Hohenheim, 1995

L. Bieler, Irland. Wegbereiter des Mittelalters, 1961

H. Birkhan, Germanen und Kelten bis zum Ausgang der Römerzeit. Der Aussagewert von Wörtern und Sachen für die frühesten keltisch-germanischen Kulturbeziehungen, 1970

Ders., Kelten, 1995

Ders., Celts – Images of their Culture, 1999

K. Bittel (Hg.), Die Kelten in Baden-Württemberg, 1981

Ders. (u. a.), Die keltischen Viereckschanzen, 1990 (in Baden-Württemberg)

B. Cunliffe, The Ancient Celts, 1997

H. Dannheimer (Hg.), Das keltische Jahrtausend. Ausstellungskatalog Rosenheim 1993

A. Demandt, Antike Staatsformen. Eine vergleichende Verfassungsgeschichte der Alten Welt, 1995

M. Dillon / N. K. Chadwick, Die Kelten, 1966 (vorwiegend in Irland)

G. Dobesch, Die Kelten in Österreich, 1980

Ders., Das europäische Barbaricum und die Zone der Mediterrankultur, 1995

K. Düwel (Hg.), Untersuchungen zu Handel und Verkehr der vor- und frühgeschichtlichen Zeit in Mittel- und Nordeuropa, Abhandlungen der Akademie der Wissenschaften Göttingen, Philologisch-historische Klasse, 3. Folge 143, 1985

P.-M. Duval, Die Kelten, 1978

R. Egger, Der hilfreiche Kleine im Kapuzenmantel (1946), in: Ders., Römische Antike und frühes Christentum II, 1963, S. 1 ff.

Christiane Eluère, L'Europe des Celtes, 1992

J. Filip, Die geschichtliche Bedeutung der spätkeltischen Oppida, in: 150 Jahre Deutsches Archäologisches Institut, 1979/81, S. 176–187

Franz Fischer, Die Besiedlung Südwestdeutschlands am Ende der Latène-Zeit, in: H. Nuber (Hg.), Archäologie und Geschichte des ersten Jahrtausends in Südwestdeutschlands, 1990, S. 29–42

Ders., Die Ethnogenese der Kelten aus der Sicht der Vor- und Frühgeschichte, in: W. Bernhard (u. a. Hg.), Ethnogenese europäischer Völker, 1986, S. 209 ff.

O. H. Frey / F. R. Herrmann, Die Keltenfürsten vom Glauberg, 1996

M. Fuhrmann, Asterix der Gallier und die römische Welt. Betrachtungen über einen geheimen Mitzieher im Lateinunterricht, in: Ders., Alte Sprachen in der Krise? Analysen und Programme, 1976, S. 105 ff.

A. Furger-Gunti, Die Helvetier, 1985

Geoffrey of Monmouth, History of the Kings of Britain, translated by S. Evans, 1903/66

M. J. Green, The Gods of the Celts, 1986

Ders., (ed.), The Celtic World, 1995

A. Grenier, Manuel d'Archéologie gallo-romaine, 1934

Ders., Les Gaulois, 1945

F. Gröhler, Die Entwicklung französischer Orts- und Landschaftsnamen aus gallischen Volksnamen, 1906

R. Hachmann/G. Kossack/H. Kuhn, Völker zwischen Germanen und Kelten, 1962

R. Hachmann, Gundestrup-Studien, in: Berichte der Römisch-Germanischen Kommission 71, 1990, S. 565 ff.

J. Harmand, Vercingetorix, 1984

J. J. Hatt, Kelten und Gallo-Romanen, 1970

F.-R. Herrmann, Der Glauberg am Ostrand der Wetterau. Führungsblatt zu den Wallanlagen und dem frühkeltischen Fürstengrabhügel bei Glauburg-Glauberg, Wetteraukreis. Archäologische Denkmäler in Hessen 51, 2000

A. Holder, Altceltischer Sprachschatz, I/III, 1896–1907

G. Jacobi, Werkzeug und Gerät aus dem Oppidum von Manching, 1974

E. Jerem (u.a. Hg.), Die Kelten in den Alpen und an der Donau, 1996

R. Joffroy, Vix et ses trésors, 1979

W. Jorns, Zur Salzgewinnung in Bad Nauheim während der Spätlatènezeit, in: Germania 38, 1960, S. 178 ff.

C. Jullian, Histoire de la Gaule, I–VIII, 1908–1926

H. Kähler, Der große Fries von Pergamon, 1948

Die Kelten in Mitteleuropa. Kultur, Kunst, Wirtschaft. Salzburger Landesausstellung 1980 im Keltenmuseum Hallein, Österreich

W. Kimmig, Zum Problem späthallstättischer Adelssitze, in: Akademie der Wissenschaften Berlin, Schriften der Sektion für Vor- und Frühgeschichte 25, 1969, S. 95 ff.

Ders., Die Heuneburg an der oberen Donau, 1983

Ders., Das Kleinaspergle, 1988

M. Koch, Die Keltiberer und ihr historischer Kontext, in: Actas del II Coloquio sobre lenguas y culturas preromanas de la peninsula iberica, 1979, S. 387–419

B. Kremer, Das Bild der Kelten bis in augusteische Zeit, 1994

Pierre-Yves Lambert, La Langue Gauloise, 1994

G. Lambrechts, Geschichte des Westkeltentums und der Iberer, in: W. D. Barloewen (Hg.), Abriß der Geschichte antiker Randkulturen, 1961

M. Lejeune (ed.), Recueil des Inscriptions Gauloises, I, 1985 (griechische Schrift); II 1988 (etruskische Schrift)

E. Lessing (Hg.), Die Kelten, 1979

B. Maier, Lexikon der keltischen Religion und Kultur, 1994

Ders., Die Kelten. Ihre Geschichte von den Anfängen bis zur Gegenwart, 2000

V. Mertens, Der deutsche Artusroman, 1998

J. Moreau, Die Welt der Kelten, 1961 / 1985

J. Morris, The Age of Arthur, 1973

S. Moscati (ed.), I Celti, Venedig 1991 (Ausstellungskatalog)

E. Muret/A. Chabouillet, Catalogue des monnaies gauloises de la Bibliothèque nationale, 1889

G. Nachtergael, Les Galates en Grèce et les Soteria de Delphes, 1977

G. S. Olmsted, The Gundestrup Cauldron, 1979

B. Overbeck, Keltisches Münzwesen in Altbayern. In: Jahresberichte der Stiftung Aventinum 9/10, 1996, S. 5 ff.

L. Paul, Die Kelten an Rande der antiken Staatenwelt. In: Bonner Jahrbücher 197, 1997, S. 1 ff.

J. Phelps, The Prehistoric Solar Calendar, 1955

R. Pittioni, Zum Herkunftsgebiet der Kelten, in: Sitzungsberichte der Akademie der Wissenschaften Wien 233, 3, 1959

M. Rambaud, L'art de la déformation historique dans les commentaires de César, 1966
H. D. Rankin, Celts and the Classical World, 1987
G. Riek, Der Hohmichele, 1962
M. Rockel (Hg.), Taliesin und Aneirin. Altwalisische Heldendichtung, 1989
R. van Royen / Sunnyva van der Vegt, Asterix – Die ganze Wahrheit, 1998
A. Ruzé, Vestiges celtiques en Roumanie, 1994
K. Schmidt / R. Ködderitzsch (Hgg.), History and Culture of the Celts, 1982
J. Simon, Das Zeitalter der Kelten, 1996
K. Spindler, Die frühen Kelten, 1983
F. Stähelin, Geschichte der kleinasiatischen Galater, 1907
H. Straube (u. a.), Erzreduktionsversuche in Brennöfen norischer Bauart, 1964
K. Strobel, Die Galater im hellenistischen Kleinasien. Historische Aspekte einer keltischen Staatenbildung, in: J. Seibert (Hg.), Hellenistische Studien, 1991, S. 101 ff.
Ders., Die Galater I, 1996
Charlotte Tacke, Denkmal im sozialen Raum. Nationale Symbole in Deutschland und Frankreich im 19. Jahrhundert, 1995
R. Thurneysen, Die irische Helden- und Königssage, 1921
J. J. Tierney, The Celtic Ethnography of Posidonius, Proceedings of the Royal Irish Academy 60, 1960
H. de la Tour, Atlas de monnaies gauloises, 1892
J. de Vries, Kelten und Germanen, 1960
L. Weisgerber, Die keltischen Völker im Umkreis von England, 1941
J. Weisweiler, Die Stellung der Frau bei den Kelten, in: Zeitschrift für Keltische Philologie 21, 2, 1939, S. 205 ff.
R. Wenskus, Stammesbildung und Verfassung, 1961
J. Werner, Die Bedeutung des Städtewesens für die Kulturentwicklung des frühen Keltentums, in: Die Welt als Geschichte 5, 1939, S. 380–390
I. Wernicke, Die Kelten in Italien. Die Einwanderung und die frühen Handelsbeziehungen zu den Etruskern, 1991
G. Wieland (Hg.), Keltische Viereckschanzen. Einem Rätsel auf der Spur, 1999
R. L. Wyss, Die neun Helden, in: Zeitschrift für Schweizerische Archäologie und Kunstgeschichte, 17, 1957, S. 73 ff.

Neuere Forschung bieten die Zeitschriften Celtica, Gallia, Bonner Jahrbücher sowie die „Congresses of Celtic Studies".

Register

Adalgisa 116
Aelianus 96
Aganippus 106
Agricola, Gnaeus Iulius 76; 78; 94
Ahenobarbus, Gnaeus Domitius 85
Ailill 103
Alesia 15; 62; 68; 80; 88; 113
Alexander der Große 23; 26; 88; 108
Alexandria 24
Allia 21; 118
Allobroger 17; 85
Altkönig 70; 72
Amandus 96
Ambicatus 19
Ambiorix 66; 76; 87; 111
Andate 50
Andernach 72; 87
Aneirin 105
Anglesey (Mona) 45
Aniene (Anio) 22
Ankara (Ankyra) 25; 72; 92
Antiochos I 25
Antiochos III 25
Antoninus Pius 94
Apollon 23; 26; 37; 56
Appian 13; 25; 60; 83; 84
Apulien 22
Aquileia 90
Aquitanien 9; 32; 58; 65; 78; 87
Aremorica 35; 94; 96
Ariovist 66; 86
Aristoteles 23
Arminius 56; 78
Artemis 38; 53; 59
Artus (Arthur) 11; 54; 105; 106; 107; 108; 109
Arverner 85; 87
Asterix 11; 119
Athene 25; 26
Äthiopien 58; 76
Atrebaten 65
Attila 56; 96
Augustus 12; 13; 84; 89; 90; 91; 92; 93
Aurelian 45
Ausonius 95
Autun (Augustodunum) 40; 86

Avalon 108; 119
Avaricum 68 Siehe auch Bourges
Avitus 95
Bagauden 95; 96
Barden 56; 58; 114
Beda Venerabilis 106
Belgen 9; 17; 65; 87; 111
Belgrad (Singidunum) 24
Bellovesus 19; 20
Bergamo (Bergamum) 72
Bern 30; 72
Besançon (Vesontio) 87
Bibracte 15; 32; 68; 70; 86
Bieler See 30
Bithynien 24
Biturigen 19; 66
Bobbio 99
Böhmen 14; 23; 32; 67
Boier 20; 22; 23; 59; 64; 65; 83; 97
Bologna (Bononia) 20; 72
Bonifatius 100
Bonn (Bonna) 72
Boudicca 66; 76; 94; 111
Boulogne (Bononia) 72
Bourges (Avaricum) 68; 72
Boykott 58
Bregenz (Brigetio) 72
Brennus 20; 21; 23; 72; 75; 76
Brescia (Brixia) 20; 48; 72
Bretagne 35; 87; 94; 97; 117
Briganten 76
Britannier 93; 94; 111
Burgunder 10; 77
Caball (Jagdhund) 107
Cadbury Castle 68
Caerleon (Castra Legionis) 107
Caesar, Gaius Iulius passim
Caligula 94
Camillus 21
Caracalla 114
Caradocus Lancabarnensis 106
Carnuten 45; 46
Cartimandua 76
Cassivellanus 87
Catilina 85; 88
Cato der Ältere 84
Celtillus 78

Cenomanen 20; 22
Cernunnos 10; 37; 42
Chartres (Autricum) 45; 72
Chateaubriand 116
Chiomara 52
Chiusi (Clusium) 20
Chrétien de Troyes 107; 108
Churchill, Winston 118
Civilis (-aufstand) 45; 91; 95
Claudius (Kaiser) 45; 84; 91; 94
Coelestinus (Papst) 98
Colchester (Camelodunum) 72; 93
Columban 99
Como (Comum) 72
Cordelia 106
Cornwall 10; 14; 29; 33; 106; 109; 117
Cuballum (Galatien) 68
CuChulainn 104; 105; 106
Cymbeline (Cunobelinus) 93; 94
Dalmatien 90
Danebury 68
Decimus Brutus 60
Deiotarus 77; 79; 92
Delphi 24; 45; 76
Diana 38
Dicuil 19; 100
Diocletian 45
Dionysios I 22; 35
Dionysos 10
Dispater 10
Divitiacus 44
Domitian 94
Donau (Danubius) 12; 14; 15; 24; 91; 97
Donaugoten 97
Donaukelten 97
Donnersberg 70
Douro 84
Drau 24
Druiden 42-46; 56; 67; 78; 80; 104; 116; 118; 119
Drusus 91
Dublin 100
Dumnorix 36; 48; 78; 87
Dünsberg 72
Dürrnberg 33
Eburonen 78; 87
Ecdicius 95
Eisenzeit 15; 29
Elisabeth I von England 111
Entremont 47; 68

Epaminondas 22
Ephesos (Izmir) 38; 93
Epona 37
Etrusker 22; 28; 45; 83
Eudoxius 96
Eumenes II 25; 26
Excalibur (Schwert) 108
Fabier 20
Fergus 104; 105
Fingal 114; 115
Finn 114
Frau Hollenstuhl 38
Galater 9; 25; 26; 38; 45; 50; 54; 62; 64; 68; 76; 91; 92; 93; 96
Galates 10
Galatien 9; 14; 25; 64; 68; 92
Galba (Suessione) 66
Galfred von Monmouth 94; 105; 107 f.
Gälisch 14; 105; 117
Gallia Cisalpina 20; 22; 83; 86; 89; 91
Gallia Transalpina 20; 22; 84; 91
Gallus (Iroschotte) 99
Gäsaten 62
Genf (Genava) 72; 86
Gergovia 68; 88
Gildas 94; 106
Glauberg 15; 17; 37; 40; 59; 62; 68; 75
Goethe 114; 115; 116
Goidelisch Siehe Gälisch
Goldgrube (Taunus) 70; 72
Gordion 72
Gottfried von Bouillon 108
Gottfried von Straßburg 107; 109; 116
Grannus 37
Grenier, Albert 78
Grimm, Jakob 116
Gundestrup (Kessel) 42
Hades 10
Hadrian 25; 94
Hadrianswall 94
Häduer 44; 53; 64; 66; 68; 78; 85; 86; 87; 88; 91; 95
Halikarnassos 12
Hallein 33
Hallstatt 15; 33
Hanka, Wenzel 116
Hannibal 22; 52; 80; 83
Hartmann von Aue 107
Hasdrubal 22
Hekataios 12; 68
Helico 30

Helvetier 20; 30; 58; 64; 66; 78; 81; 86; 110; 111
Hengist und Horsa 98
Herakles 10; 12
Herder, Johann Gottfried von 9; 115; 117
Herodot 9; 12; 52; 68
Hesperiden 10
Heuneburg 15; 34; 49; 68; 70
Hieronymus 93; 95
Hirschlanden 30; 40
Hirtius, Aulus 88
Hochdorf 15; 34; 39; 49; 55; 73; 74 f.
Hohenasperg 15; 34
Hohmichele 34; 49; 73
Holstein 10; 19
Homer 56; 114; 115; 116
Hostilius Mancinus 84
Hyperboreer 56
Icener 66; 76; 94
Inn 20
Insubrer 20; 22; 59; 64; 83
Isidor von Sevilla 49
Isolde 109; 116
Istros 12 Siehe Donau
Italiker 14; 19; 28
Jakob I von England 111
Japoden 90
Johannes Scotus Eriugena 100
Johnson, Samuel 115
Joyce, James 117
Jugurtha 84; 88
Julia Domna 51
Julian 54; 62
Juno 21
Juppiter 10; 42; 61
Justin 13; 19; 36; 46; 50
Justinian 62
Kaikos 25
Kallimachos 24
Kamma 53
Kantaber 63
Kärnten 12; 23
Karthago 25
Kauaros 24
Keltiberer 17; 29; 56; 58; 59; 65; 84; 89; 93
Keltoligyer 93
Keltoskythen 93
Kempten (Campodunum) 72
Keraunos 23

Kichorius 76
Kilian 99
Koblenz (Confluentes) 33; 87
Kommontorios 24
König Lear 105
Korisios (Schwert) 30
Kundry 45
Kymrisch 117
La Garenne 34
La Turbie (Tropaeum Alpinum) 91
Latène 15; 30; 39
Lausanne (Lousonna) 72
Leiden (Lugdunum Batavorum) 72
Lenus 37
Lenz, Jakob 115
Libussa 116
Lingonen 65
Lippe 14
Litaviccus 36
London (Londinium) 72; 111
Lonorius 24
Lothringen 32
Lucan 39
Lugdunum Siehe Lyon
Lukas (Evangelist) 38
Lusitanien 84
Lutarius 24
Lutetia 68 Siehe auch Paris
Lüttich 100
Luxeuil 99
Lyon (Lugdunum) 36; 72; 85; 95
Mabinogion 105
Macha 104
Macpherson, James 56; 114; 115; 116
Magaba 68
Magdalenenberg 53; 73
Magdalensberg 23
Magnesia (in Kleinasien) 25
Mailand (Mediolanum) 20; 72; 83; 116
Mainz (Mogontiacum) 72
Man, Insel 54; 56; 63; 77; 102; 118
Manching 28; 32; 36; 47; 68; 91
Mancinus, Hostilius 84
Manlius Imperiosus 22
Manlius Torquatus 61
Manlius Vulso 25
Marcellus, Marcus Claudius 84
Marius 64; 84; 85; 86
Marke (König) 109
Mars 37; 42

Marseille (Massilia) 12; 25; 34; 36; 39; 51; 84; 96
Marzabotto 20
Maximianus Herculius 96
Maximilian 110
Medb 52; 103; 104; 105
Melusine 50
Menapier 87
Merkur 34; 37; 42; 72
Merlin (Zauberer) 108; 117; 119
Meyer, Kuno 102
Milet 12
Modena 72
Mons Badonis 106
Mont Beuvray Siehe Bibracte
Mont Lassois 15; 68
Mont Troté 47
Morawa 24
Morgane (Fee) 108
Moriner 87
Murus Gallicus 70
Mutterrecht 50
Mykenäer 36
Napoleon 113; 115
Napoleon III 113
Narbonne (Narbo) 36; 85
Naukratis 12
Neckar 14
Nennius 106
Nero 91; 103
Nervier 53; 87
Neumagen (Noviomagus) 72
Nobilior, Quintus Fulvius 84
Nordetrusker 20
Noricum 12; 23; 29; 32; 66; 85; 91
Novalis 115
Numantia 84; 88
Nyrax 12; 68
Obelix 119
Odysseus 10
Olympos (in Bithynien) 68
Orange (Arausio) 62; 85
Orgetorix 58; 76; 78; 81; 87
Orosius 22
Ortiagon 25; 52; 68
Oscar 115
Osebergschiff 100
Ossian 11; 56; 114; 115
Ovid 21
Palladius 98
Paris (Lutetia) 42; 62; 65; 68; 72

Parma 72
Parzival 45; 105; 108
Patriarchat 49; 50
Patrick 98
Paulus (Apostel) 93
Pavia (Ticinum) 72
Pergamon 25; 26; 27; 91
Peronnik der Einfältige 109
Pessinus 25; 38; 72
Petersen, Johann Wilhelm 114
Philipp II von Makedonien 30
Philippi (in Makedonien) 92
Pikten 19; 62; 99
Plautus 21
Pluton 10; 37
Poitiers 50
Pokorny, Julius 102
Pompeius 13; 19; 86; 91; 92
Prasutagus 76
Preßburg 23
Protokelten 15
Ptolemaios Keraunos 23
Pyrene 12; 68
Pythagoras 38
Raeter 20; 90
Ravenna 62
Regensburg (Ratisbona) 72
Reims (Durocortorum) 72
Remagen (Rigomagus) 72
Reutlingen (Arae Flaviae) 34
Rhein (Rhenus) 13; 14; 51; 78
Rhône 13; 33; 85; 93
Ribemont-sur-Ancre 47
Rimini (Ariminum) 20
Roquepertuse 47
Rosmerta 37
Ruhr 14
Sachs, Hans 109
Sachsen 10; 19; 98; 106; 107; 108
Saint Albans (Verulamium) 93
Saint Brieul 56
Salasser 90; 93
Salzburg (Iuvavum) 29
Sankt Gallen 99
Save 24
Savoyen (Sapaudia) 17
Schopenhauer, Arthur 117
Schotten (Iren) 19; 98; 99; 111
Schottland 14; 19; 94; 99; 106; 111
Schwäbische Alb 20

127

Scipio Africanus 84; 88
Sedulius Scotus 100
Segorbe (Segobriga) 72
Segovesus 19
Seine (Sequana) 14
Senonen 20; 21; 83
Sens (Agedincum) 72
Septimius Severus 94
Sequaner 66; 78; 86
Sertorius 58
Shakespeare, William 94; 106
Shaw, Bernard 117
Sidonius Apollinaris 95
Siegerland 32
Silius Italicus 17
Skordisker 24
Sontiaten 58
Steiermark 12
Stonehenge 118
Stradonitz 23
Streitwagen 60; 111
Stuttgart 15; 40
Sueton 52
Sulla 22; 86; 91
Sulpicius Severus 95
Sweben 13; 65; 86
Syrakus 22; 88
Tafelnarren 55
Tain bo Cuailnge 60; 103; 108
Taliesin 105
Tarquinius Priscus 19
Tarraconensis, Provinz 96
Tauber (Fluß) 14
Taunus 70; 72
Tauriner 90
Tektosagen 17; 25; 65
Telamon (in Etrurien) 60; 61; 83
Temora 114
Tencterer 87
Tennyson, Alfred 117
Tessin (Ticinus) 72
Teutates 34; 37
Themse (Tamesa) 17; 87
Thraker 24; 97
Thrakien 24
Tiberius 45; 60; 88; 91
Tiguriner 64
Tolistoagier 25; 92

Tolkien, John R. R. 119
Tongern (Aduatuca) 87; 111
Toulouse (Tolosa) 24; 29
Treverer 68
Trient (Tridentum) 72
Trier 33; 68; 72; 93; 96
Triest 90
Trinobanten 66
Tristan 109; 116
Trokmer 25
Tschudi, Aegidius 110
Turin 90
Tylis 24; 75
Ulster 103; 104; 105
Usipeter 87
Uxellodunum 88
Valerius Maximus 38
Veji 21
Veneter 60; 65; 87
Venutius 76
Vercingetorix 36; 66; 67; 76; 78; 87; 88; 111
Vergobret 82
Verona 20; 72
Vicenza (Vicetia) 72
Vienne (Vienna) 85
Viereckschanzen 40
Vindeliker 60; 68; 91
Viriathus 84
Virunum 23; 91
Viviane 108
Vix 15; 34; 50; 52; 55; 73
Vocontier 85
Volcae 9; 64; 85
Vortigern 98
Wales 10; 14; 44; 45; 94; 105; 117
Wallis 10; 91
Wallonen 10; 111
Walpurgisnacht 46
Welsh 117
Wessex 100
Wien (Vindobona) 72
Wildschwein 28
Wolfram von Eschenbach 107; 109; 117
Worms (Borbetomagus) 37; 72
York (Eburacum) 72
Zeus 10; 26 Siehe auch Juppiter
Zürich (Turicum) 61; 72